飯要吃，炮要打，談性何須遮遮掩掩？

二〇一九年三月，一則社會新聞標題引起了我的注意：

「不是粉紅色，少女初夜被分手還遭偷拍、霸凌。」

當時看到這則新聞，感到非常驚訝：沒想到現今青少年的性知識竟然如此貧乏，並還進而衍生出錯誤的兩性相處方式。

當時我正在主持另一個網路節目，便馬上和製作人討論，針對人們對於性的一些迷思，製作了一則影片。沒想到，這則影片引起網友的熱烈討論，所有工作人員和我才發現：原來，大家對性知識居然有這麼多需求；原來，我們的性教育都該好好重修。

之後，製作人與我討論：「家純，妳願意開一個專門聊正確性知識的節目嗎？」坦白說，演藝圈少有女性從業人員願意跟性話題扯上關係，更別說是主持這類型的節目。但對我而言，性愛就像起床刷牙吃三餐一樣，是生活中每天都在做的事，有什麼不能聊的呢？

許多人對於情慾這件事，只會偷偷摸摸的做，而不敢光明正大的說，這或許與我們華人在教育體系裡以隱晦、低調的態度處理性教育有關。另外，我並不覺得聊色是男生的專利，女生也應該有權利知道

自己在性之中如何獲取快樂，並且讓男生知道如何尊重女性情慾自主這件事。於是，有了《深夜保健室》這個網路節目的誕生。

原本我們只打算做十集，沒想到反應異常熱烈，除了臺灣的網友之外，也有許多其他華語圈的網友在收看節目；觀眾們的反應及回饋也激發我和製作團隊更多的創意，不斷發想新的題材。從原本的十集，一轉眼，到現在竟然已經來到第七季了。在這段期間最感人的是，有許多網友私下告訴我們，這個節目讓他與伴侶之間的關係改善很多，男女都有。

這段路走下來，更讓我堅定知道：性學無涯，傳遞正確性知識是擁有美好性生活的第一步，《深夜保健室》從五花八門的疑問與迷思出發，再由專家醫生群幫忙解答。現在，我們更以文字將精華集結出來，那些學校該教卻沒教的性教育，就讓《深夜保健室》陪你補修學分！

想要轉大人的好學生，快上車吧！

醫師專家群介紹

性健康管理師：童嵩珍

畢業於樹德科技大學人類性學研究所，是執有國際認證資格的專業性健康管理師。現任臺灣嵩馥性健康管理中心主任、中華性健康促進協會理事長。領有美國 ACS 臨床性學家學院、德國譚崔性能開發工作坊等機構頒發的權威執業資格認證。二〇〇四年從業以來，以德國、美國性治療模式，透過心理諮詢、行為訓練，以「非刀、非藥」發展出一套適合華人的訓練方式，改善男、女性功能障礙的問題。

泌尿科醫師：程威銘

國立陽明大學醫學士。曾任臺北榮總泌尿部主治醫師，現任臺北市立聯合醫院忠孝院區泌尿科主治醫師、國立陽明大學泌尿學科兼任講師。專長於一般泌尿系統疾病、尿路結石、攝護腺肥大、泌尿系統腫瘤等。經常上山下海拍影片，以輕鬆活潑的方式分享美景，並傳達專業的泌尿科醫學知識，打破傳統迷思，推廣正確觀念。

婦產科醫師：郭安妮

曾任臺北榮民總醫院婦產部住院醫師，現任中山醫療社團法人中山醫院婦產科主治醫師、美人魚時尚婦產科診所院長。專長於婦科良性腫瘤、子宮肌瘤、腺肌瘤、子宮內膜異位症、卵巢囊腫、慢性骨盆疼痛、內視鏡及經陰道骨盆鬆弛重建、婦科癌症內分泌、更年期治療等。著有《孕律》《聰明養子宮》《癢癢的怎麼辦？》等三本書。

泌尿科醫師：莊豐賓

國防醫學院醫學士、東吳大學法律碩士。曾任三軍總醫院泌尿外科主治醫師、美國克里夫蘭醫院臨床研究員。現任三軍總醫院、台北宏恩醫院、台北孟德爾診所泌尿外科兼任主治醫師。美國自然醫學醫師。專長男性健康、性功能障礙、腎臟移植、攝護腺疾病、一般泌尿科疾病。

律師：陳立怡

國立臺北大學財經法律系學士、國立交通大學科技法律研究所法學碩士班在學。曾任昇正國際法律事務所律師、理安法律事務所律師，現任大仁律師事務所律師。專長於一般民刑事、家事事件、智慧財產事件、證券交易法等。

性福導師：朱瓊茹

相性幸福健康管理中心首席「性福導師」，畢業於亞洲唯一樹德科技大學人類性學研究所，並遠赴美國 ACS、IASHS、Betty Dodson 等專業臨床性學學院受訓。從事性學領域已逾十年以上經驗，在臨床上專研學術與實務的結合，奠定厚實性學基礎，至今已累積千名成功案例。

人類性學博士：黃詠瑞

 樹德科技大學人類性學研究所碩士、博士。現任樹德科技大學人類性學研究所專任助理教授。授課領域為人類性學、性健康、性治療及性教育；研究專長於性功能障礙、親密關係、多樣化性行為、人類性學、心理學、統計學、生理學、生命教育。

目錄 Contents

Part **1** ───⋀────

知性才能盡興！
轉大人好學生必讀觀念篇

求歡老被拒，女伴不想要，問題到底出在哪？

🔍 自我檢測，這樣到底算不算性冷感？

✚ 諮詢專家：童嵩珍老師

在諸多網路性愛論壇中，常會看到男生發問：「女友不想做愛，是不是性冷感？」的確，性冷感在兩性關係中，是個很常見且令人頭疼的問題。在一份針對華人世界的調查報告中指出，16%的男性及 35%的女性有性冷感的問題。本章節主要探討女性性冷感，但男生也別輕忽這個問題喔！

為什麼會性冷感呢？

有人可能以為，所謂的性冷感就是完全不能做愛，或是因為做愛無法達到高潮而不想做，其實上並不是這樣。對有些人來說，想做愛及真的去做愛的頻率次數不是那麼高，且對於性愛沒有太多的慾望，這就有可能是性冷感。如果剛好遇上一週至少想要做愛五次的伴侶，那兩人的性生活就很難協調了。

想要解救性冷感，就得先了解成因。依性治療的觀點來看，性冷感的成因大致可以分成生理性、環境性和心理性三大類。

生理性影響：

以女性來說，最常見的生理影響如下：

① 因為年齡漸長，造成荷爾蒙低下。

② 服用藥物造成性慾降低。像是長期服用抗憂鬱的藥物，就有可能導致食慾及性慾下降。

③ 因疾病造成性交疼痛不適。

環境性影響：

例如住在隔音很差的小套房內，只要一不小心發出聲音，隔壁的人馬上就知道你在幹嘛，整個環境充滿壓力，又缺乏隱私空間，不知不覺造成做愛時無法專心享受，也可能是不想做愛的原因之一。

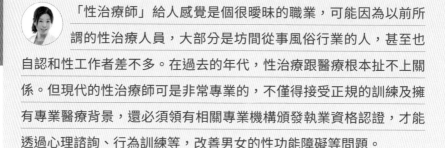
心理性影響：

以下是根據調查做出的性冷感心理因素排行榜，就請童老師帶我們看看，有哪些心理因素會讓人失去性慾吧！

第一名：缺乏溝通

溝通可分為兩方面，一方面是跟自己溝通，另一方面則是兩性之間的溝通。在女性自我溝通方面，一般在做性冷感治療時，通常會希望女生從學會自我安慰做起，也就是要學會自慰，找到如何讓自己達到高潮的方法，找到自我愉悅的路，而不是依靠別人來給妳高潮，因為靠別人，別人會很累，而且妳也可能永遠達不到性愉悅的狀態。而兩性之間的溝通則是，若是一個性致很高，另一個則完全沒性慾，兩人又不好好溝通的話，長久下來感情一定會出問題。

第二名：缺乏性自信

有些小胸女做愛只脫內褲不脫上衣，因為對自己的身材沒自信，也有些女生是對自己的陰部沒自信，只能關燈做愛，也不讓對方好好服務她的

妹妹，享受被舔鮑的爽快，被看、被舔、被摸都不願意。而男生則可能是對自己的性能力或性器官沒有信心，所以提不起勁來做愛。

第三名：工作壓力太大

現代人普遍而言工作壓力都很大，很多人回到家只想好好休息，但伴侶卻又想來一下，而且還要你來服務他，在外工作累，回到家上床也不能立馬休息，雙重疲累下，也會越來越沒性慾。

第四名：性伴侶表現不佳

像是男生早洩或勃起功能障礙等問題，雙方無法配合做到盡興，久而之，就會形成放棄性生活的情況。

第五名：過去不好的經驗

例如有些人曾被性侵或被性騷擾等，卻沒有接受專業的輔導或心理諮詢，日後也會影響對性的態度及和交往對象的性互動。

第六名：宗教影響

許多人會受其所信仰的宗教影響，把性太神聖化，或太骯髒化等等，因而影響到正確的性愛觀。其實和伴侶之間，只要雙方能配合，就算做愛次數不多，也能維持良好的關係。但最怕的就是一強一弱，性慾強的那方無法正常發洩的話，就會造成兩人關係上的障礙。所以適時的溝通，或尋求性治療專家的幫忙就很重要了。

畢竟美麗帥氣的外貌無法長久，想要維持兩人之間的性吸引力，除了誠懇溝通之外，增進自己的性技巧和嘗試不同的姿勢，也是提升性趣的小祕訣喔。

以醫學專業觀點而言，性冷感又可分為「原發性」及「續發性」。讓我們來了解一下，二者之間的不同。

原發性性冷感：

是指從第二性徵發育*至今完全無性慾。

續發性性冷感：

是指本來有性慾，但隨著年紀增長，慢慢產生性慾低下的狀態，通常跟伴侶的關係障礙有關。

＊第二性徵發育

人類一出生，就會根據生殖器官來決定你是女生或男生。廣義來講，天生的生殖器官就是指第一性徵。而第二性徵通常是從青春期開始發展，男生的第二性徵，像是皮膚較易出油、長痘痘、體毛變多，開始長出陰毛、腋毛、鬍子等，也會有夢遺的情形發生，接著開始變聲，喉結也明顯凸出。女生的第二性徵則有，皮膚較易出油、長痘痘、長出陰毛、腋毛、胸部開始發育，以及臀部變得比較渾圓等等。

這樣到底算不算性冷感？

另外一個可以判別是否有性冷感的標準是：會不會自慰。有些女性無法和別人做愛，但是她自慰的頻率其實是高的，這樣就不算是有性冷感。相對的，套用在男生身上也一樣，雖然他不想跟女生做愛，但還是會自慰的話，也不能算是性冷感。因此，性冷感簡單來說，就是完全沒有性慾！

想知道自己是否性冷感？做一下性冷感自我檢測，只要符合五項以上，就可能要諮詢專業意見了！

性冷感自我檢測表	
☐ 覺得做愛比玩樂還累	☐ 太有目的性的做愛
☐ 撫摸最後一定要變成做愛	☐ 太過固定的時間地點做愛
☐ 不再期待做愛	☐ 覺得只有婚前做愛才是最美的
☐ 性跟愛沒辦法產生連結	☐ 把做愛當例行公事SOP

來聊聊檢測表裡提到的幾種狀況吧！

①有些人不喜歡做愛，是因為做愛只是為了應付另一半，或是有做功課的感覺。因而覺得做愛好像比出去玩樂還要累，久而久之就不喜歡做了。

②女生有時確實是喜歡被愛撫，但撫摸後並不見得想做愛，但此時男生

已「性致」高昂，開始不安分起來了，但女生卻覺得自己還未進入「想做」的狀態，但因為被摸了只好被迫做愛，反而造成女生心理上的壓力，而產生抗拒感。

③有些男生擺明了交女友就是為了要打炮，導致女生在性愛過程中，無法感受到被愛的感覺，覺得男生只是把她當成發洩性慾的工具，但為了不讓男生不開心，或為了討好，只好勉強而做。

④有些夫妻性生活不協調，其中一個原因就是為了生小孩才做愛，平常完全不做，只在排卵期做。好像做愛唯一的目的就是懷孕生小孩。

⑤部分男生或女生對婚姻伴侶感到不滿，而沉浸在婚前交往對象的回憶裡，覺得舊愛永遠最美，婚前打的炮總是比婚後火熱。

⑥把做愛當成例行公事，做久了好像自動發展出一套 SOP，兩人性愛沒有新鮮感了，就算做愛，也只是為了配合對方的性需求而做。

破解性冷感迷思

迷思一：做愛是女友應盡的責任？

 做愛是雙方面的事，女生不一定要配合男生的性需求，如果女生不願配合，男生就應該要努力去溝通，了解她為什麼不喜歡做愛，可以參考前面提到的內容。千萬不要只把女生當成發洩生理需求的對象，而忽略對方心理上的感受，這樣對方只會越來越排斥性行為。

迷思二：是不是要買情趣用品來使用？

其實情趣用品真的是做愛的好朋友，可用來增加刺激感，而且彼此都可省去不少力氣去挑逗對方，何樂而不為呢？

迷思三：靠藥物改善性冷感好嗎？

 在專業醫師的指導下，可以適時服用一些藥物來增強性慾，例如有些性慾低下的女性可以注射男性激素來增強性慾，但要注意的是，女性若使用過量的男性激素可能會長出鬍子，會讓體毛變多。而男性若過量使用男性激素，可能會造成不孕症或禿頭的問題。所以，在服用任何藥物前一定要經由醫師診斷才行，千萬不要自己胡亂買藥來吃。

 人的性需求主要源自於大腦，如果男生在性愛中只專注在彼此的「溼」與「硬」，是無法達到女生渴望被愛的需求，「愛」才是能讓女生擺脫性冷感的不二解。

坊間傳言，「毛多代表性慾強」，並非空穴來風，大部分男性激素較多的人確實體毛多且性慾較強！這是有醫學根據的，因為男性激素本來就是性慾的驅動力。

⊕ 床邊悄悄話

美滿的婚姻，性不是唯一，不美滿的婚姻，性是最後一根稻草，和諧、自在、彈性又有溫度，才是性愛的最高宗旨。

性愛的四不一要

「四不一要」是性與愛和諧美滿的關鍵，不管男女都要謹記在心！

◉ 性愛不是籌碼

兩情相悅的彼此，千萬不要將利益帶入之間的性愛、將性愛當做達成特定目的的手段。

◉ 性愛不是討好

不管男女都不要為了討好而去迎合對方，最後痛苦的只有自己而已。

◉ 性愛不是嬉笑

有些人不太會做愛，或厭惡做愛，反而會用嬉笑怒罵的方式來降低別人的性慾，或使人對性產生噁心厭惡感，這是性愛關係的大忌！

◉ 性愛不是生育

做愛只是為了生小孩，這樣想的話，你／妳的人生會少掉很多樂趣喔！

◉ 性愛需要學習

性和愛是不可分開的，不論是男生或女生，我們都要學會性的技巧與愛的能力，讓性與愛合而為一，才是幸福長久之道。

慾火焚身？可以內射？
月經期間到底該不該闖紅燈？

02

女生一個月中哪幾天容易慾火焚身？

✚ 諮詢專家：郭安妮醫師

女生一個月當中一定會有幾天比較不方便，但是興致一來想要「闖個紅燈，浴血奮戰」到底行不行呢？月經期間到底能不能愛愛？這幾天愛愛真的比較不會懷孕嗎？要注意什麼呢？一個月當中，女生到底有哪幾天最想愛愛，最容易慾火焚身呢？

月經與愛愛間的複雜糾葛

 妳曾在大姨媽來時做過嗎？感覺如何呢？可能有些人會覺得月經期間做愛很髒很不衛生，經血會流得到處都是，床單很難洗……但又偏偏想愛愛，而且據說這段期間做愛不容易懷孕，所以男生可以不用戴套，真的是這樣嗎？關於月經與愛愛之間的種種愛恨糾葛，就讓我們一一為各位解開吧！

月經來潮時，可以愛愛嗎？

 月經來時還是可以做愛的，畢竟興致一來太壓抑也不好，但還是要做好防護措施，例如，還是要戴保險套，以及更要注意衛生。

月經期間愛愛，比較容易感染？

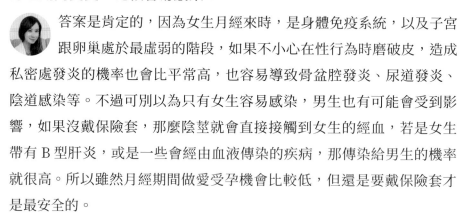 答案是肯定的，因為女生月經來時，是身體免疫系統，以及子宮跟卵巢處於最虛弱的階段，如果不小心在性行為時磨破皮，造成私密處發炎的機率也會比平常高，也容易導致骨盆腔發炎、尿道發炎、陰道感染等。不過可別以為只有女生容易感染，男生也有可能會受到影響，如果沒戴保險套，那麼陰莖就會直接接觸到女生的經血，若是女生帶有 B 型肝炎，或是一些會經由血液傳染的疾病，那傳染給男生的機率就很高。所以雖然月經期間做愛受孕機會比較低，但還是要戴保險套才是最安全的。

女生如果睡眠時間不規律，身體本來就比較虛弱，或是常有反覆的尿道發炎或陰道感染等毛病，也最好不要在月經時做愛。

月經來時，女生更容易情慾高漲、更容易有高潮？

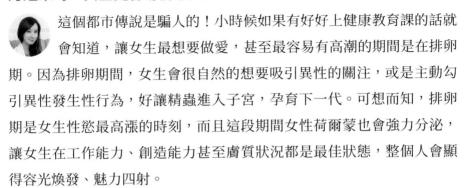

這個都市傳說是騙人的！小時候如果有好好上健康教育課的話就會知道，讓女生最想要做愛，甚至最容易有高潮的期間是在排卵期。因為排卵期間，女生會很自然的想要吸引異性的關注，或是主動勾引異性發生性行為，好讓精蟲進入子宮，孕育下一代。可想而知，排卵期是女生性慾最高漲的時刻，而且這段期間女性荷爾蒙也會強力分泌，讓女生在工作能力、創造能力甚至膚質狀況都是最佳狀態，整個人會顯得容光煥發、魅力四射。

不過，還是有女生在月經期間會比較想做愛，這其實偏向心理因素，因為女生誤以為月經來時不容易懷孕，再加上另一半不喜歡戴套，所以這時候做愛她反而比較安心、放得開，因而有可能在這時做愛比較容易有高潮。

月經來時，真的可以瘋狂內射不怕懷孕？

如果能確定那真的是月經期間的話，照理說的確是不會懷孕的，然而還是有以下幾種特殊狀況要注意：

①非月經，而是排卵性出血

有些女生以為只要出血就是大姨媽來了，其實並不是，而是排卵性出血，如果這時候做愛，反而因為剛好排卵而更容易受孕。要如何判定究竟是月經還是排卵期出血呢？可以看平常的經期準不準，如果月經每個月準時報到，那在兩次月經中間有一點點出血的話，應該就是排卵性出血。但如果平常月經週期就不規則，那排卵期可能也不規則，就更不要以為

見紅就是月經，闖紅燈懷孕的機會更高。

②以為已進入安全期

還有另外一種情況也要注意，就是有些女生以為月經後面幾天快結束，已經進入所謂的安全期，就不戴套做愛。可是別忘了，男生的精蟲可以存活三天，如果女生剛好那個月提早進入排卵期，此時也是非常有可能懷孕的。

在這裡順便衛教一下，想要避孕最好還是吃避孕藥或戴保險套，用計算安全期的方法避孕，成功的機率只有七、八成，而且前提是生理期要十分規律，所以如果還沒有計畫生小孩的話，不建議用計算安全期的方法來避孕。

經期做愛，有助於經血排出？

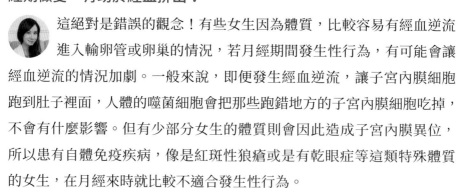

這絕對是錯誤的觀念！有些女生因為體質，比較容易有經血逆流進入輸卵管或卵巢的情況，若月經期間發生性行為，有可能會讓經血逆流的情況加劇。一般來說，即便發生經血逆流，讓子宮內膜細胞跑到肚子裡面，人體的噬菌細胞會把那些跑錯地方的子宮內膜細胞吃掉，不會有什麼影響。但有少部分女生的體質則會因此造成子宮內膜異位，所以患有自體免疫疾病，像是紅斑性狼瘡或是有乾眼症等這類特殊體質的女生，在月經來時就比較不適合發生性行為。

女生的生理周期會使子宮內膜變厚，如果懷孕，這些內膜就會成為受精卵的溫床，如果沒有懷孕，那麼子宮內膜就會脫落，伴隨經血排出子宮，形成月經。

經期做愛時高潮，有助減緩經痛？

絕無此事。女生在性愛過程中達到高潮會釋放腦內啡，的確可以減少像是肌肉痠痛、頭痛、壓力等。但很多女生在經痛時根本不想理人，還要逼她做愛，她應該會很想揍你一拳吧！

月經期間做愛的優缺點

月經期間做愛有好有壞，在這裡幫大家歸納一些相關醫學常識，下次慾火高漲、想要闖紅燈之前，可以自行評估看看。

月經期間做愛的優點

① 天然的潤滑液：

雖然這段期間女生的陰道確實較溼潤，不過用經血當潤滑液，有些男生可能會覺得不太習慣。

② 懷孕機率相對較低：

如同前面提到的，女生經期如果不規則，或是把排卵期假性出血誤以為經期，加上男生的精子又能存活較久，不戴套而中獎的機會也是挺高的。

月經期間做愛的缺點

① 身體弱免疫力差有感染風險。

② 特殊體質恐引發子宮內膜異位。

③ 男生也容易感染疾病。

月經期間做愛的 do's and don'ts

在月經期間做愛要注意的地方比平常多，闖紅燈前先備忘！

月經期間做愛一定要做的事

① 一定要戴保險套。

② 做好個人衛生工作。

③ 保持生活作息正常，培養運動習慣可以提升免疫力。

 如果妳是私密處比較容易反覆發生感染的女生，提升免疫系
統很重要，可以注意以下幾點建議：

1. 最好每晚十一點前就寢。

2. 多喝水。

3. 穿寬鬆通風的衣物，例如夏天可以多穿裙子，不要穿很緊的牛仔褲
   或瑜伽褲。

4. 若要預防尿道、膀胱發炎，可以補充蔓越莓錠等。也可以多食用益
   生菌或乳酸菌，預防私密處反覆發炎。

⊕ 床邊悄悄話

月經期間做愛千萬別做的事

① **不要用酒精助興：**

月經期間不要喝酒比較好，常有女生因為月經期間喝酒而造成大出血就醫。這時的身體狀況應該要避免食用麻油類料理、人蔘及酒等容易活血的食物，否則可能造成出血量過大。

② **有一方不樂意就不要進行：**

做愛本來就是雙方面的事，若有一方覺得不想在月經期間做愛，就不要勉強對方，這樣做起來也不盡興不是嗎？

女生月經來時可以多吃紅肉提升免疫力，像牛肉、羊肉、豬肝等富含鐵質的肉類，水果類則可以多吃葡萄、櫻桃等等。

啪啪啪完月經就來了？

有些女生和男友啪啪啪完後月經就來了，為什麼會有這樣的情形發生呢？一般來說有兩種可能：

① **發生在月經快要來之前**

因為女生體內的荷爾蒙已經開始有點浮動，子宮內膜不穩定，此時發生性行為就容易出血。

② **在排卵期時做愛**

排卵期時子宮內膜處於浮動狀態，所以啪啪啪完也可能會出血。女生不

妳觀察一下自己的分泌物，如果像鼻涕般透明且帶一點血絲，那就是非常容易懷孕的超級危險期，當然如果你們本來就想要迎接新生命到來，那此時不愛愛更待何時呢？

③另外也有可能是子宮、子宮頸長東西或發炎，比如子宮頸腫瘤、子宮頸瘜肉或發炎、子宮內膜瘜肉……也可能會有性行爲後出血的狀況。

⊕ 床邊悄悄話

一時天雷勾動地火想闖個紅燈沒有關係，不會有人開你罰單啦，但記得，一定要做好事前事後的安全措施，健康的性愛才是王道！

尻尻全攻略，
打手槍的 7 個迷思一次全解！

03

🔍 **男生必學，尻尻爽度最高的 SOP ！**

➕ **諮詢專家：程威銘醫師**

從小到大，打過無數次手槍的你，打對了嗎？打得健康嗎？《深夜保健室》曾經針對打手槍做過街訪，調查結果發現，大部分的男生是一天一次，也有人一天七次；有人是很多天打一次，甚至兩個月才來一下。也有人打手槍端看心情……打手槍幾乎是每個男生的日常，到底要怎麼尻才能尻得爽快開心而又不會有後遺症呢？讓阿純幫你一次問清楚！

一天打幾次才正常？

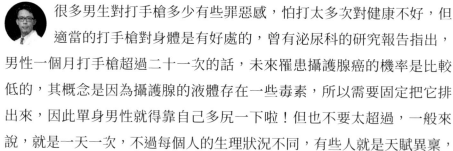通常男生一天尻一次是正常的，最少也有一週一次，以正常的男性而言，幾乎沒有人不打手槍的，有些人喜歡速戰速決，為射精而射精，也有些人崇尚 slow sex 喜歡邊看 A 片邊慢慢來，一次打個兩～三小時的也有，打手槍不是壞事，也無須有罪惡感，男生可以藉此了解自己的生理反應和生理構造，也未嘗不是件好事，但凡事過與不及皆不可，還是要適時適度才不會帶來後遺症。以下解答幾個常見的迷思來幫助大家建立正確的尻尻觀。

男生常問的尻尻 7 大問題

尻尻大哉問 1：打手槍對健康有不良的影響嗎？

很多男生對打手槍多少有些罪惡感，怕打太多次對健康不好，但適當的打手槍對身體是有好處的，曾有泌尿科的研究報告指出，男性一個月打手槍超過二十一次的話，未來罹患攝護腺癌的機率是比較低的，其概念是因為攝護腺的液體存在一些毒素，所以需要固定把它排出來，因此單身男性就得靠自己多尻一下啦！但也不要太超過，一般來說，就是一天一次，不過每個人的生理狀況不同，有些人就是天賦異稟，一天尻個四五次，勃起功能還是很正常，但也有人每尻個一次就要累很多天，所以就是看自己的身體狀況，量力而為。

尻尻大哉問 2：自慰太多會造成不舉或早洩嗎？

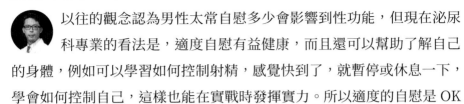

以往的觀念認為男性太常自慰多少會影響到性功能，但現在泌尿科專業的看法是，適度自慰有益健康，而且還可以幫助了解自己的身體，例如可以學習如何控制射精，感覺快到了，就暫停或休息一下，學會如何控制自己，這樣也能在實戰時發揮實力。所以適度的自慰是 OK 的，但不要一天到晚都在自尻，那就太超過了！

尻尻大哉問 3：太常打手槍會不會影響到做愛的興致呢？

有些男生因為有輕微早洩的問題，所以在約會前尻一槍，等到真的要和另一半做愛時，反而可以拉長做愛的時間，不會太早就軟掉，但若約會前尻太多槍，的確非常有可能影響到做愛的興致，那就沒救啦！

不可否認，的確有些男生會覺得打手槍比做愛舒服，因為自己比較知道自己的爽點在哪。但我個人認為，這類型的人有可能做愛經驗還不太豐富，建議可以多學習多嘗試。

尻尻大哉問 4：手槍打太多會不會讓精液變稀、精子量變少？

這其實和體質比較有關，而且精液的狀況也會跟男生興奮的程度有關，比較興奮，射出來的量有可能會變多。但不可諱言，一般精子的成熟期大約需要六十天左右，所以太常打手槍的話，精子的數量的確會減少。

尻尻大哉問 5：禁慾過後打手槍，會撐比較久嗎？

 並不會，有些男生禁慾完正式開機反而射得更快，因為射精速度跟男生的興奮程度有關，禁慾久了會更容易興奮，陰莖容易一觸即發，反倒撐不久。

尻尻大哉問 6：尻尻醒好？還是尻尻睡好？

 幾乎有 80%的男生都是習慣尻尻睡，但以泌尿專科的角度來看，普遍認為尻尻醒，也就是早上尻比較好。因為在打手槍時，男性荷爾蒙分泌較多，符合男性早上睪固酮比較高的情況，而且大部分人到晚上都比較累了，打手槍的品質比較差，自尻也要重視品質啊！可惜的是，現代人一早起床就要忙著上班上課，實在沒時間自尻，不妨調整一下時間，或是在假日早晨讓自己尻尻醒，你可能會發現一天的精神狀況都不錯喔！

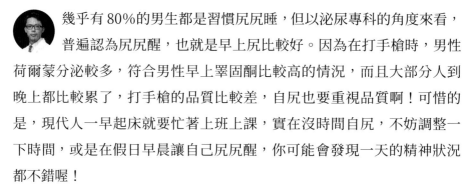
床邊悄悄話

睪固酮就是雄性激素，以男性來說，是由睪丸分泌的。雄性激素跟性慾及免疫功能等息息相關，對男性生理及心理的健康影響很大，通常在十五到三十歲是巔峰期，之後就會隨著年紀增長而逐漸下降。

尻尻大哉問 7：打手槍有沒有什麼正確的姿勢？

 打手槍沒有什麼正確姿勢，有爽到就好啦！但也不要一招半式闖江湖，可以多開發不同的方式，從各個角度刺激自己的性器官，

發掘出敏感帶，這樣也有助於提高實戰做愛的爽度。

男生必學，尻尻爽度 UP 的祕訣

1. 尻尻前適度使用潤滑油，以免尻破皮

很多男生因為沒有使用潤滑液，加上尻得太過頭，結果把雞雞皮尻破，嚴重者還得就醫求診，實在得不償失。想要尻得爽又無後顧之憂，還是準備一瓶潤滑液為上策。

2. 試著找出自己最敏感的地方

嘗試用手在自己的陰莖上下摩擦，或左右旋轉，或用掌心包覆龜頭按摩等，多變換不同的方式，找出意想不到的敏感帶。

適度且適量的打手槍是有益身心健康的，但千萬別縱慾過度。另外，也別忘了好好保養自己的小弟弟，時時按摩鍛鍊它，才能越戰越勇！

床邊悄悄話

別再問了，
敲碗解題率最高的精液 10 問！

04

✚ 諮詢專家：莊豐賓醫師

做《深夜保健室》這個節目以來，每次直播或是留言被問到最多的，不是如何取悅另一半，反而是跟精液有關的問題。所以這篇邀請莊豐賓醫師一次解答所有關於精液的問題，希望大家看完後，對精液能有更多的了解及認識。

誰能知洨，關於精液的 10 大問題

問題 1：精液是如何產生的？

 精液的組成主要是精子及一些液體，主角精子在精液裡只占 2%～5%，其他的 95% 主要是輔佐精子能夠達陣的液體。精子從睪丸產生後並不是馬上就可以用，要先在副睪等待成熟後，再經由輸精管，從睪丸輸送到膀胱後面的儲精囊。儲精囊是儲存男生彈藥的地方，也會分泌養分給精子，以便日後順利進入女性子宮孕育下一代。用男生理解的術語來說，新生的精子必須先在副睪，經過新兵訓練後再送到儲精囊，其他的養分則是屬於後戰部隊，幫忙阿兵哥們（精子）能勇往直前，最後贏得勝利。

問題 2：為什麼射精量有多有少？太少怎麼辦？

 精液的量除了精子之外，其他都來自於液體，而液體的多寡有很多原因：

① 男性睪固酮降低，減少這些液體的分泌。

② 性行為太頻繁，若一天做愛好幾次，精液還來不及產生，後面幾次射出來的量當然就會比較少。

③ 隨著年紀增長而退化。

④ 某些疾病引起，例如發炎或射精的管道阻塞，造成精液量變少。

可以用下面的自我檢測法來確認，自己的精液量是否正常：

① 先禁慾三到五天，最長不要超過一週。

② 把精液打出來測量。正常的射精量一次約 2 到 4.5 ml，一般來講，很少超過 6ml 的，若射精量高達 8~10ml，那事情就大條了，很可能有發炎的情形，或是太久沒有性生活了。

問題 3：射太多真的會精盡人亡嗎？

精盡人亡是目前醫學還無法解釋的疑惑，最有可能的原因是心血管疾病造成的，因為性愛過程太嗨而中風（馬上風）。

問題 4：什麼顏色的精液才健康？

精液最好、最健康的顏色是介於白色跟灰色之間，也就是灰白色；淺黃色有可能是太久沒做愛，或是有感染發炎的情形；粉紅色則是最令人擔心的，通常是血精。可能的原因有：過度運動，或是攝護腺發炎，或儲精囊發炎，也有很少一部分人是因為癌症的關係，但這情形很少見，血精問題大多和發炎較有關；淺褐色則真的很少見，有可能也跟太久沒做愛有關。總之，若你的精液出現不太正常的顏色，還是趕快去看醫生吧！

問題 5：精液是不是越濃稠越好？

精液裡面有一種成分叫 PSA（攝護腺特異抗原），它能降低精液的濃稠度，讓精子順利游出，進入子宮達陣，所以精液過度濃稠

也不好，因為精子會出不來。最佳的濃稠度是用一個棒狀物勾起精液，如果精液可以牽絲三到五公分的話，就表示你的精液濃稠度是正常的。但這是指剛射出來的精液，若是射出來隔了三十分鐘後還是這樣濃稠的話就不正常了，因為這種濃稠度會讓精子包在裡面出不來，很可能導致不孕，這也是男生們要注意的地方，不要以為越濃稠越好，其實你的精子完全沒發揮作用啊！

問題 6：禁慾越久精子越強嗎？

 一般來說，精子大約可以存活三天左右，若太久沒有把它射出來，射出來的顏色可能就會偏黃，表示裡面的精子已經死亡了，或是品質變差了。因此若要禁慾的話，大約三到五天就好，超過這個時間精子品質就不好了。

問題 7：洗冷水澡對精子比較好？

 男生的蛋蛋對溫度是很敏感的，因此溫度的調節很重要，最適合的溫度是比身體的體溫低一到兩度，這也是為何男生的蛋蛋會露在外面的原因。溫度太高會讓精子死掉，所以常泡溫泉的人，精子品質恐怕不太好。但洗冷水澡也要特別注意心肌梗塞的問題，且長期洗冷水澡是否能保持精子的品質，大多數專家還是持保留的態度，不見得真的有幫助喔。

問題 8：精液敷臉有護膚效果嗎？

 雖然精液裡面含有蛋白質，而且養分很多，其中包含尿酸及鋅等對皮膚可能有幫助，但考慮到精液來源及保存皆有困難，還是建

議直接去買面膜比較有效。

問題 9：精液有助預防蛀牙？

 精液的成分很多元，也含有鈣鋅等有助於防治蛀牙的成分，但如同前一題所說，精液來源及保存皆有困難，不如去買好一點的牙膏比較實在。

問題 10：精液有抗憂鬱和舒緩疼痛的效果嗎？

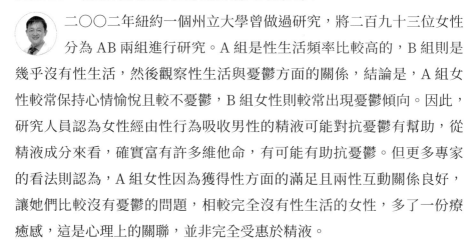 二〇〇二年紐約一個州立大學曾做過研究，將二百九十三位女性分為 AB 兩組進行研究。A 組是性生活頻率比較高的，B 組則是幾乎沒有性生活，然後觀察性生活與憂鬱方面的關係，結論是，A 組女性較常保持心情愉悅且較不憂鬱，B 組女性則較常出現憂鬱傾向。因此，研究人員認為女性經由性行為吸收男性的精液可能對抗憂鬱有幫助，從精液成分來看，確實富有許多維他命，有可能有助抗憂鬱。但更多專家的看法則認為，A 組女性因為獲得性方面的滿足且兩性互動關係良好，讓她們比較沒有憂鬱的問題，相較完全沒有性生活的女性，多了一份療癒感，這是心理上的關聯，並非完全受惠於精液。

養出好精液 10 大祕訣

祕訣 1：不穿緊身褲

太緊的褲子不僅對男生的蛋蛋不好，對女生也不好，私密處很容易會發炎感染。

祕訣 2：避免長期偏食和營養不均

例如長期茹素，膽固醇太低會讓睪固酮量降低，影響精液品質。

祕訣 3：少吸菸

抽菸對男性的性功能及精液品質都不好。

祕訣 4：少喝酒

少量飲酒是 OK 的，但一天一瓶威士忌就不妙了。

祕訣 5：注意藥物，尤其是來路不明的

千萬不要亂吃藥，特別是來路不明的壯陽藥。

祕訣 6：多運動

適量的運動對男性增強體力及性功能絕對是有好處的。

祕訣 7：控制體重不肥胖（BMI ＜ 25）

肥胖是精子的殺手，尤其當 BMI 超過二十五，精子濃度會下降 26%，也會降低精子的活動力。

祕訣 8：不要長時間騎腳踏車

男性長時間騎腳踏車，攝護腺發炎的機會變高，因為陰莖一直被壓迫，對血液循環不好。另外，下體溫度也會升高，不利精子存活。加上有人喜歡穿緊身褲騎腳踏車，也對男性性器官不太好。所以如果你很喜歡騎腳踏車這個運動，要記得適時休息，不要一下子騎太久，以及盡量穿著

透氣的褲子。

祕訣 9：重要部位避開手機筆電

有研究顯示，電磁波對精蟲的活動力可能有負面影響，所以還是能避則避囉！

祕訣 10：不要過度泡熱水澡或溫泉

這點前面就有提過了，溫度太高，精子不容易存活。

看到這裡，男生們是不是對與自己切身相關的精液有更多了解呢？該打出來就打出來，或是維持美滿的性生活，也是讓子孫常保健康的好方法喔！

網路買的壯陽藥能信嗎？
泌尿科醫師教你辨認真假！

05

🔍 壯陽藥怎麼吃才合法安全又有效？

➕ 諮詢專家：程威銘醫師

男人總有在床上雄壯威武、金槍不倒的夢想。有些人會嘗試各種偏方，甚至吃壯陽藥來增強性功能，為的就是希望自己能堅硬挺拔、持久不衰。但市面上壯陽藥百百種，要如何選擇適合自己的呢？網路上壯陽偏方廣告中的男優，個個看起來生龍活虎，這些藥到底是真的有效還是在賣假藥？就來聽聽泌尿科醫師的專業解說吧！

4 種常見的治療性功能障礙藥物

這裡要介紹目前臺灣較常見的幾種治療性功能障礙藥物，大多是針對兩種常見的性功能障礙：

① 早洩：也就是男性在性交時，無法維持三分鐘以上就射精。

② 陽萎：男性生殖器持續或反覆出現無法勃起或無法維持勃起。

第一類藥物：專治早洩

● 達泊西汀（Dapoxetine）：

這其實是一種超短效的抗憂鬱藥物，早期是因為有些憂鬱症患者長期服用抗憂鬱的藥物後，會有射不出來的副作用，於是針對這個副作用，加以研發可治療早洩的藥。有些男性在服藥後表示，吃了不只是延長時間而已，而是可以控制自己何時射出，或先不射出，換個姿勢再戰一回合後才射出等等。對於有早洩問題的男性來說，是一款相當具有療效的藥物。

副作用：噁心、疲倦、頭暈、頭痛。

第二類藥物：專治陽萎

● 西地那非（Sildenafil）：

就是俗稱的藍色小藥丸，這是目前為止使用最久的一種藥物。這藥背後有個有趣的小故事，當初藥廠在研發這個藥物時，並不是用來當壯陽藥，而是降血壓的。沒想到在人體試驗階段，許多吃了藥的男性受試者表示，吃藥後確實降低了血壓，但還有另外一個令人驚喜的副作用，就是下面一直硬邦邦的，讓受試者的老婆對床上的表現很滿意，使得這

些受試者在實驗結束後，紛紛表示還想繼續服用藥物，因而使這顆藍色小丸子還沒上市就聲名大噪，因為比起降血壓，它帶來的副作用更吸引人，讓人一試成主顧。這個藥物比較適合年紀稍長，性需求沒麼多的熟男使用。因為這藥服用約半小時後才會開始發揮藥效，所以吃的時候要先抓一下時間。

● 伐地那非（Vardenafil）：

這是比較新型的藥物，最大的好處是服用後藥效發揮的時間較快，大約十五到二十分鐘左右就有感覺了。

● 他達拉非（Tadalafil）：

這也是新型的藥物，而且藥效可以維持一天到一天半的時間，這類藥物適合年輕男性服用。例如假日要和女友約會時，週六早上吃一顆，就能維持一整個週末的雄風。這個藥物還有個好處是，比較不會受到食物裡的油脂影響，而延後硬起來的時間。

此藥物劑型原本一顆是二十毫克，藥效可以維持一天半左右，但現在藥廠開發了一種低劑量，一顆五毫克的劑型，這個劑型就可以當做保養用，每天吃一顆，藥效和一次吃一顆二十毫克是一樣的。它除了增強性功能之外，還有幫助排尿的功能，很適合小便不順又有點性功能障礙的人服用。

副作用：以上這三種藥物的作用機轉都是讓陰莖的平滑肌放鬆，血管變大之後就比較容易充血，但除了陰莖的血管之外，身體其他地方的血管也可能會舒張，因而造成血壓太低，因此這三種藥物都有的副作用是：頭暈、臉潮紅等。

個別的副作用則是：

西地那非：有個特別的副作用是造成暫時性的色盲，有些人服用後看任

何東西都變得紅紅的，但藥效過就好了，不過不是每個人都會發生，所以不必太過擔心。

伐地那非：暫時性視力模糊。

他達拉非：肌肉痠痛。

 大家可以參考下面的表格，列出藥效、維持時間及使用方法等，方便比較每種藥物的優缺點。

性功能障礙藥物比較表				
名稱	達泊西汀 Dapoxetine	西地那非 Sildenafil	伐地那非 Vardenafil	他達拉非 Tadalafil
產生藥效時間	60-120分鐘內	30-40分鐘內	15-20分鐘內	30-40分鐘內
藥效維持時間	5小時	4-6小時	4-6小時	24-36小時
生理效應	讓性交時間增長2-3倍	勃起成功率70-80%		
使用方法	比較不受飲食影響	藥效的發揮會受油膩食物的影響，因此最好能於空腹或飯後2小時服用		比較不受飲食影響
排出體外時間	1天	1天	1天	4天
副作用	噁心、疲倦、頭暈、頭痛	臉部潮紅、頭痛、暫時性視力模糊		臉部潮紅、頭暈、肌肉痠痛

資料來源：FB：True Health 健康說真話

如何選擇適合自己的藥物？

除了遵照醫囑之外，也可以依照下列幾點分析，大致了解自己適合服用哪種藥物。

1. 年紀：

一般來說，年紀較大，中高齡以上的男性比較適合服用藍色小藥丸，其他藥物則偏向年輕男性需求。

2. 做愛的方式：

有人喜歡爆發式激情，有人喜歡緩慢式性愛，因此服藥前要注意藥物作用的時間。

3. 配合自己的飲食習慣：

有部分藥物可能會受飲食習慣影響，例如，有些人習慣吃油膩等重口味的食物，但卻會影響藥效發揮的時間，本來大約二、三十分鐘就見效的藥，結果拖到一、兩個小時才開始作用。所以男生要注意啦！如果今天晚上想和女生做愛的話，晚餐就吃清淡一點，這樣這些藥吃下去才有用

啊，不然等你好不容易要硬了，女生已經等得不耐煩甩門走人囉！

吃藥是幫雞雞變更硬，而非沒性慾變有性慾

 要特別注意的是，並不是服用了這些藥之後，陰莖就會馬上勃起，然後五個小時不倒的大戰好幾回合。這些藥物的作用是幫助你在想要做愛的時候，陰莖變得更硬。因此，不妨在等待藥效發揮作用前的三、四十分鐘，先跟另一半互動、調情、刺激，這樣一切就緒之後就能提槍上陣了。

常常也聽說有人吃了覺得沒效，原來是因為他吃完藥後，就在那裡看報紙或看政論節目，看得義憤填膺的，當然性致全無啦！這些藥物都只是做愛時的輔助，重點是，你的心裡要想做愛，才會真的硬起來，若你根本沒性慾不想做，吃完其實也不會想做，頂多就是下面感覺比較硬一點而已，並不會讓你從沒性慾變得有性慾。

⊕ 床邊悄悄話

 以女性的角度來看，其實男生在這些藥物藥效發揮前的空檔，剛好可以和對方先來場滿滿的前戲，不但能讓女生做好充分準備，也可免於小弟升旗前唱國歌的尷尬。

壯陽藥大哉問

1. 這些合法的壯陽藥物有無健保給付？

相信這是很多男性關注的話題，可惜的是，雖然相關單位曾討論過要不要給付這些藥物，但討論結果是，健保局只「管你的生命安全，不管你的性福」。因為性功能障礙在正常情況下不會影響到生命安全，所以必須全部自費。以最新的他達拉非來說，一個月藥費大約兩、三千元，其實也還 OK，對於有困擾的男性來講，算是非常划算的。

2. 吃久了是否會產生抗藥性或依賴性成癮？

很多患者會覺得藥好像越吃越重，主要原因是年紀不斷的在衰老，身體機能也漸漸走下坡，導致原本吃的劑量不夠，倒不是因為吃久了產生所謂的抗藥性或依賴性。不過還有一種情況是，心理性成癮，不吃藥就對自己的性功能沒信心，這算是另外一種副作用吧！

3. 假藥盛行該怎麼辦？

在泌尿科常見一些吃假藥吃到性功能障礙的人求診，許多假藥裡摻了男性荷爾蒙，但因為年輕的男性並不適合吃男性荷爾蒙，吃了之後，睪丸反而不工作了，造成不孕，或是未來都必須持續吃男性荷爾蒙來補充，到時候即便華陀再世也救不了你了。

很多男生覺得求助正規醫療，去泌尿科掛號是一種恥辱，不好意思去就診，因而未經醫師處方，就私下在坊間或網路買壯陽藥或偏方。有個統計，在這些非法通路買到假藥的機率高達93％，換句話說，

買到真藥的機率只有 7%，你真的要為那 7% 賭上健康嗎？所以，有性功能障礙的男性朋友們，請勇敢到正規醫療院所就醫，不要拿自己一輩子的性福做賭注，隨便買來路不明的藥物亂吃。

4. 在哪裡買藥才安全呢？

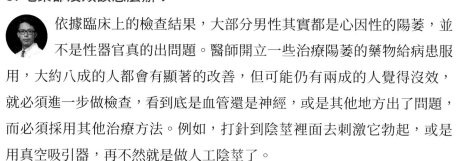 目前臺灣合法的壯陽藥物都是所謂的「處方藥物」，必須經由專業醫師診斷並開立處方後才能取得，若沒有醫師的處方箋，是不能販售這些藥物給病患的。所以如果你在藥局隨隨便便就能買到這些處方藥物，不是藥局違法販售，就很有可能買到假藥。同樣的，在網路賣藥買藥也是非法的行為，買到假藥的機率非常高，千萬別亂買。還有很多老人家喜歡跟地下電臺買藥，這也是很危險的行為，沒有法律的規範，很有可能吃出嚴重問題。

5. 吃藥都沒效該怎麼辦？

依據臨床上的檢查結果，大部分男性其實都是心因性的陽萎，並不是性器官真的出問題。醫師開立一些治療陽萎的藥物給病患服用，大約八成的人都會有顯著的改善，但可能仍有兩成的人覺得沒效，就必須進一步做檢查，看到底是血管還是神經，或是其他地方出了問題，而必須採用其他治療方法。例如，打針到陰莖裡面去刺激它勃起，或是用真空吸引器，再不然就是做人工陰莖了。

老司機必懂，看外流片、路上拍漂亮妹子都犯法？

🔍 兩情相悅真的什麼都可以嗎？

➕ 諮詢專家：陳立怡律師

偷拍事件層出不窮，在人性偷窺慾的助長下，素人愛愛外流片的瀏覽量甚至高過一般 A 片，網路的偷拍分享社團也日漸增多……在數位科技網路的時代，女孩們要如何自保？藉這個機會鄭重呼籲，無論是偷拍或是光明正大的拍，都有可能因而吃上官司，千萬別心存僥倖、自以為能逃過法網！以下分享幾個案例，讓大家了解跟愛愛相關的法律問題。

案例說明： 富少李宗瑞偷拍案，當時轟動了整個華人圈，因為他偷拍的對象包含知名女星，從外流出來的影片或照片可以看出，許多女性是在意識不清、無力抵抗下被迫發生性行為，且流出影片數量之多令人譁然！

在李宗瑞偷拍事件之前，香港知名藝人陳冠希就發生過類似的性愛照片外流事件，但兩個案例最大的差別是，被陳冠希拍下性愛照的女性都是意識清醒的看著鏡頭擺 pose 拍照，並沒有被迫的情形發生。但李宗瑞的性愛影片則能看出大多數女性是在意識不清，半強迫狀況下發生性行為。偷拍的動作觸犯了刑法上的妨害祕密罪，而在對方非自願下強迫發生性行為則觸犯了乘機性交及強制性交罪等。因而被法院重判，必須入監服刑並賠償巨款給受害女性。

⊕ 床邊悄悄話

●**妨害祕密罪：** 一、無故利用工具或設備窺視、竊聽他人非公開之活動、言論、談話或身體隱私部位者。二、無故以錄音、照相、錄影或電磁紀錄竊錄他人非公開之活動、言論、談話或身體隱私部位者。

●**乘機性交罪：** 對於男女利用其精神、身體障礙、心智缺陷或其他相類之情形，不能或不知抗拒而為性交者。

●**強制性交罪：** 對於男女以強暴、脅迫、恐嚇、催眠術或其他違反其意願之方法而為性交者。

拍攝性愛影片違法嗎？

若是在兩人同意下拍攝影片，基本上很難舉證違法，但若一方明顯在不知情或表明不願意，或是無力抵抗等情況下被拍攝，主動拍攝的那方確實有可能構成犯罪行為。

兩人在濃情蜜意之際，有時女生為了迎合男生或是增進情趣，同意拍攝性愛影片。當下雙方都覺得無所謂，但若不幸兩人分手後又反目成仇，當初拍下的這些影片難保不會外流。在此要奉勸女生，拍攝前就得先想清楚，自己能否接受後續的效應，若評估無法承受，一開始就不要同意拍攝性愛影片，事前加以防範勝過事後補救，不要被一時激情沖昏了頭。

散布外流影片是否觸犯法律？

如果收到外流影片後又轉傳出去，的確涉及了「散播猥褻物品罪」，可能被判處兩年以下有期徒刑或易科罰金。但若你只是單純的接收影片且私下瀏覽，其實是不違法的，不然全臺灣的男人應該都有前科了。

過去曾有案例，有位私密照女主角提告散布流傳照片的網民，但最後不了了之。其實要提告成立，有個關鍵因素就是偷拍的當下是否為非公開活動，以及是不是故意拍攝身體隱私部位。例如，在海邊偷拍比基尼辣妹，以法律觀點來看，穿比基尼在海邊是很合理的事情，或者也可解釋為，辣妹在海邊穿著比基尼並沒有不願意被公眾看到，基本上這樣的拍攝行為是不觸法的。

但若是在捷運站用手機偷拍女生的裙底風光，這就違法了。雖然有很多網路偷拍社團的網民很囂張的說：「捷運站是公開場合，我只是手機不小心滑出去，喀嚓了一下，而且女生穿迷你裙，也是想被看啊！」這當然完全是狡辯之詞，法律上是站不住腳的。

在此教女生一個自保的方法，當妳發現被偷拍時，首先要保持冷靜，很多人因為太緊張而要求對方馬上刪除影片或照片，但這樣就沒有證據去提告。所以應該拿出自己的手機，一邊側錄，一邊要求對方刪除影片或照片，以保存證據，並立刻尋求捷運警察幫忙。

⊕ 床邊悄悄話

● **散播猥褻物品罪**：散布、播送或販賣猥褻之文字、圖畫、聲音、影像或其他物品，或公然陳列，或以他法供人觀覽、聽聞者。

● **猥褻之定義**：客觀上足以滿足性慾，且內容與性器官、性行為與性文化的描繪與敘述連結，要能引起普通一般人羞恥或厭惡感而侵害性的道德感情，有礙於社會風化而言。

案例② 臺灣版魔鏡號事件

案例說明：某人利用魔鏡號在東區大馬路上公然車震，當下沒被發現，但在影片上架後，經告發而被移送法辦。

 這個案例後來在臺北地檢署，被判定從外頭看不見魔鏡號內部，兩人在車內拍攝性愛影片並無不法，給予不起訴處分。至於散播影片一事，給予緩起訴處分。

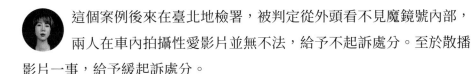

 所謂的魔鏡號其實就是加強版車震，美日皆有這系列影片。車裡裝設的「魔鏡」是一種特殊的車窗玻璃，讓人從車裡面可以看得到外面，但外面的人卻無法看進車裡，讓喜歡追求刺激的人可以公然在大馬路上做愛做的事。

野外車震拍成影片違法嗎？

 其實打野炮或是車震本身並不違法，但要看其主觀意圖是什麼？若當事人有想要被別人看到的意圖，那可能就會造成公然猥褻。

案例③ 推特三大文化之一：射屏

案例說明：某知名女性 YouTuber 在推特上看到，竟然有人在她的照片上留下白白黃黃的東西，並拍照 PO 上網，自己的照片被人拿來意淫，令她覺得相當不舒服……

每個人都有自己的性幻想，只要不侵害他人就不犯法，然而射屏這個行為有犯法嗎？其實做這樣的私密動作並不違法，但若是將性幻想後的產物（如上述案例）在網路上散布，就有可能觸犯散播猥褻物品罪，只要讓人有性方面的聯想，就會構成猥褻物品。

案例④ 推特三大文化之二：換妻

案例說明：李姓男子之前加入換妻俱樂部，在雙方（李姓夫婦 vs. A 男夫婦）都同意的情況下進行換妻睡睡看，之後雙方都很滿意。但沒想到李姓男子的老婆鄭女因為對交換的 A 男相當滿意，就私約出來開房間，後來被李姓男子發現非常生氣，一怒之下告上法院，法院判決鄭女需賠償老公李姓男子六十萬元。

這個案例會成立的最主要原因，是因為第一次換妻是在兩對夫妻都同意的情況下發生，但第二次鄭女並沒有經過老公李姓男子的同意就私下約 A 男出來開房間，鄭女踰越了界線，就會有侵害配偶權的問題。

另一半外遇該怎麼辦？

 配偶有外遇，但現在通姦除罪化了，還能提告嗎？首先來了解一下，什麼是通姦除罪化。簡單來說，就是檢察官、警察不會再花時間幫你抓猴了，在刑法上這個通姦罪名已廢除，但並不代表就可以肆無忌憚的偷吃外遇，還有民事的侵害配偶權可提告，而且侵害配偶權的舉證責任較低，不像以往刑法通姦罪的舉證責任難度很高，現在只要有些曖昧簡訊、親密合照等，就可以構成侵害配偶權。所以大家不要再糾結於通姦除罪化了，用民事去告一樣可以獲得金錢上的賠償，而且還有可能拿到更多喔！

案例⑤ 推特三大文化之三：多人運動

案例說明：之前曾有外拍攝影師因為認識很多火辣女模，因而開團收費進行多人性愛趴，引起很大的爭議，但他們辯稱是合意性行為且稱之為情慾創作。另外，在推特上也有很多人揪團在火車或旅館開多P性愛趴，像這樣的多人運動是違法的嗎？

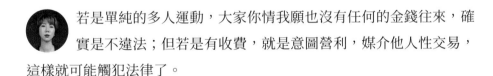 若是單純的多人運動，大家你情我願也沒有任何的金錢往來，確實是不違法；但若是有收費，就是意圖營利，媒介他人性交易，這樣就可能觸犯法律了。

另外，要注意的是，二〇二〇年五月，立法院已一讀通過「性隱私侵害防制條例專法」，待三讀通過後，將來若有任何人將他人的性關係對象、性特徵及性行為隱私揭露出來，是會犯法的，而且若故意損害他人名譽，

企圖達到報復行為的話，還會加重二分之一的刑度。所以像先前占據娛樂新聞版面的時間管理大師前女友出來爆料他的性行為隱私，前女友是有可能觸犯法律的，大家要小心，千萬不要為了報復劈腿男／女而吃上官司啊！

發洩情慾乃人之常情，但在尋求快樂的同時，除了注意個人衛生及疾病安全措施外，最重要的是不要越過法律的紅線，以免樂極生悲。

想調教還是被綁？
BDSM 入門指南

07

🔍 性虐戀迷思大破解

➕ 諮詢專家：黃詠瑞老師

幾年前，《格雷的五十道陰影》在全世界掀起了一股
BDSM 性虐戀風潮，和 BDSM 有關的話題紛紛浮上檯
面，以往只能做不能說的事，在這部電影風行之後，
就連原本不知道的人也躍躍欲試，想知道你是適合被
調教還是當教練？要不要試著打開通往 BDSM 世界的
那道門呢？

什麼是 BDSM ？

 BDSM 是 「性虐戀」的英文簡稱，英文全名是 Bondage & Discipline（BD），Dominance and Submission（DS），Sadism & Masochism（SM），意指「綑綁調教、支配臣服、施虐及受虐」。一般常聽到的 SM 就是指這類的性互動，性虐戀者可以透過這樣的性互動來得到性方面的愉悅和高潮。大部分的性虐戀者在青少年時期就會透過性幻想發現自己有這方面傾向，不一定要藉由真正的肉體施虐才會發現自己對此有反應。

初學者可嘗試的入門款 SM 模式

角色扮演模式

常見的角色扮演模式就是主人和奴隸、醫生和護士、老師和學生、總裁和小資女……這種模式的最大特色就是權力落差，也就是一個比較強勢有權力的人，另一個則是被欺壓的弱勢，當扮演弱勢的角色因劇情需要而必須向強權者求情時，光是這個求情就是一種挑逗的行為，可以增進做愛的興奮感。

另外，強暴情節也是性虐戀者喜歡的劇碼之一，但有個重要的前提就是：性虐戀行為一定要在雙方都同意的情況下進行，若是其中一方不同意，那就是單純的強暴了，不僅侵犯女性的自主權，更觸犯法律，萬萬不可輕忽。

還有一種類型叫窒息式性愛，常用「掐脖子」這種會讓對方幾乎要缺氧的方式來得到性愉悅感，但同樣要在雙方都願意的情況下進行，而且務必要小心，不要真的鬧出人命。

綑綁調教模式

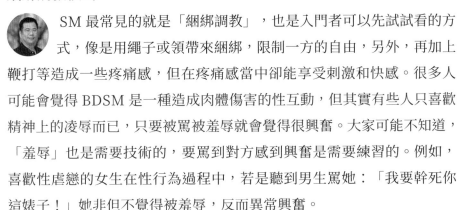

SM 最常見的就是「綑綁調教」，也是入門者可以先試試看的方式，像是用繩子或領帶來綑綁，限制一方的自由，另外，再加上鞭打等造成一些疼痛感，但在疼痛感當中卻能享受刺激和快感。很多人可能會覺得 BDSM 是一種造成肉體傷害的性互動，但其實有些人只喜歡精神上的凌辱而已，只要被罵被羞辱就會覺得很興奮。大家可能不知道，「羞辱」也是需要技術的，要罵到對方感到興奮是需要練習的。例如，喜歡性虐戀的女生在性行為過程中，若是聽到男生罵她：「我要幹死你這婊子！」她非但不覺得被羞辱，反而異常興奮。

但要提醒男生，在做愛中嘗試「羞辱」對方時，可別一開始就罵她「肉便器」這種重度羞辱用語，如此極可能收到反效果。建議可從較輕度的「婊子」、「小母狗」開始，看看她的反應如何，再決定是否加重口味。

SM 常見的道具

這些道具都是用特殊的材質製成的，並不會造成肉體上過度的傷害或疼痛感，有興趣的人可以買來試試，尤其是初學者，請一定要使用專業的道具。雖然日常生活中的物品都可以是 BDSM 的道具，但

使用上一定要注意可能的危險。

眼罩

對初學者而言，光是戴個眼罩做愛就
夠刺激了，因為在眼睛看不見的情況
下，聽覺及觸覺都會變得更敏感，就
算對 BDSM 沒興趣的一般情侶也可
以試試。

皮鞭及綁繩

調教初入門可以選擇用特製皮鞭，雖然打起來啪啪啪的很大聲，可是其
實一點都不痛。

口球

口塞的一種，綁在受虐者嘴巴上面，讓他／她無法開口說話，須注意配

戴者的呼吸順暢以免窒息。初入門建議選擇小尺寸中空的樣式。

項圈

專用項圈的材質都是很柔軟的，初學
者千萬不要使用真的項圈，尤其是皮
製的，勒得過緊會造成真的窒息。

低溫蠟燭

SM 時用的蠟燭都是低溫蠟燭，和拜
拜用的真蠟燭是完全不同的。這種低
溫蠟燭溫度大約在攝氏四十二度左
右，是不會把人燙傷的溫度，但真的
蠟燭就不一樣啦，所以初學者請使用
專業的低溫蠟燭，以保安全。

 雖然以上道具基本上都很安全，但若使用方式不當，還是有可能
造成意外狀況。曾經有個案把繩子綁在陰莖上面，結果造成陰莖
壞死最後只好切除的慘劇，所以玩樂的過程中還是要很小心，不要玩過
頭囉！

BDSM 的性交方式

 一般認為，BDSM 最後都一定會有插入式的性交行為，但根據統
計顯示，絕大多數 BDSM 的性交方式以肛交和口交為主，反而

不見得會有陰莖插入陰道的性交方式。

SM 性虐戀迷思破解

迷思 1：性虐戀通常玩很大？

常見到有人問，這會不會越玩越上癮？或是口味越玩越重？不過其實就真正的 BDSM 來說，會玩到受傷出血的人是相對少數的。BDSM 的愛好者也有自己喜歡的方式跟力度，就像有些人喜歡吃香喝辣，但也不會越吃越重口味。

迷思 2：S 通常是個性較強勢的人扮演，M 則是個性較懦弱的人？或 S 的權力一定大於 M？

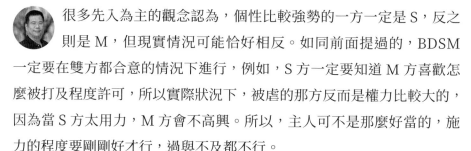很多先入為主的觀念認為，個性比較強勢的一方一定是 S，反之則是 M，但現實情況可能恰好相反。如同前面提過的，BDSM 一定要在雙方都合意的情況下進行，例如，S 方一定要知道 M 方喜歡怎麼被打及程度許可，所以實際狀況下，被虐的那方反而是權力比較大的，因為當 S 方太用力，M 方會不高興。所以，主人可不是那麼好當的，施力的程度要剛剛好才行，過與不及都不行。

迷思 3：喜歡性虐戀的人都是變態？

我覺得這是偏見，在一般人的性幻想中也常出現 BDSM 情節。根據調查，喜歡性虐戀的人格特質除了比較開放外，與一般人沒有差異。性虐戀要找到可以性趣相投的對象並不容易，若好不容易遇到了，兩人的關係會比一般情侶更穩定，而且這類人也比較願意和伴侶溝

通，找到雙方都同意且喜愛的方式進行性愛，在性愛上反而更多了對伴侶的尊重與照顧。

 不妨把性虐戀傾向當成一種興趣來看待，例如很多人都喜歡運動，有些人喜歡爬山或衝浪等可以接近大自然的運動，但有些就只喜歡在健身房裡運動，這都只是個人興趣的選擇，沒有對錯。

性虐戀可能產生的問題

 任何的性行為都有可能發生危險，性虐戀也是如此，最常見的是使用道具不當造成的傷害，也曾有案例是先生喜歡 BDSM 但太太不喜歡，於是先生去找性工作者，不幸染病又回來傳染給太太，最後導致夫妻失和離婚收場。也有聽過情侶感情好時玩 BDSM，結果分手後男方被女方控告性侵等等。

進行 BDSM 需要伴侶雙方充分溝通跟多次嘗試才能找到適合的方式，只要雙方合意，BDSM 也未嘗不是一種增進閨房情趣的方式。

 BDSM 一定要在雙方都同意，而且互保安全的情況下才能進行。對於有可能造成的傷害也請事先了解清楚，才不會造成終身的遺憾。

性愛學堂開課，
快問快答大補帖！

08

《深夜保健室》最受歡迎的 Q&A

+ 諮詢專家：童嵩珍老師、程威銘醫師

和性有關的問題千奇百怪，看完前面的內容，相信大家心裡一定還有很多疑問沒被解答，這篇整理了最多網友敲碗，最常提出的問題，也許剛好就有你也想知道的事！

關於陰莖的那些事

Q1 精液量太少，該如何改善？

A：少精的問題，和性慾低下並沒有直接相關。少精是指精蟲數或精液量太少，例如 1ml 精液裡，精蟲數少於兩千萬，和正常的男性相比，確實有少精症的問題，必須到泌尿科就診。基本上，少精並不會影響到做愛，倒是得擔心不孕的情形。

Q2 頻繁手淫後，精液量越來越少，要怎麼恢復以往的量呢？

A：很多男生真的很在意精液量，覺得量少就是性能力下降的表現，再次提醒廣大的男性們，做愛過程有爽又開心就好，不要在乎精液量多量少，或在乎是否持久，這些只會造成太多無謂的壓力。不知道大家有沒有聽過一個神奇的都市傳說，據說男生一輩子的精液量只有兩個保特瓶的容量，所以很多男生都很怕年輕時射完就沒有了。其實泌尿科醫師很贊成精液要適當排泄出去，才能再製造新的，如此常保新鮮度，也比較不會有攝護腺的問題。

Q3 如何快速消除勃起，不然每天早上起床都要硬個二十分鐘，實在很困擾？

A：要解決這問題很簡單，就是大口深呼吸，然後慢慢吐氣十秒鐘，反覆深吸深吐幾次，陰莖就會慢慢軟下去囉！

Q4 逆行性射精、動停法，還有斷尿法都是不可行的嗎？

A：逆行性射精其實是一種疾病，和動停法或斷尿法沒有什麼關係。產生逆行性射精的原因可能和本身有糖尿病，或是動過攝護腺肥大的手術，或脊椎損傷等問題有關，所以若有逆行性射精的問題，還是趕快諮詢專業比較好。

Q5 我的陰莖之前勃起時有十四公分，由於經常看片（沒有擼管）導致陰莖總是充血硬著，後來變成勃起時只有十公分多一點，有沒有什麼方法可以恢復長度？

A：這個問題的原因可能是不夠硬，所以才沒有到達原本的長度，跟看片沒有關係喔！

Q6 有沒有辦法從飲食和運動做起，成為後天的大雞雞？

A：良好的性生活，或是自己常常按摩，小雞雞就有機會慢慢變大。（請見第 82 頁〈在家自我訓練持久硬邦邦，按摩 5 招，改善陽萎、早洩！〉）

Q7 是不是龜頭大一點，女性就會比較舒服？

A：龜頭大小是天生的，沒有辦法改變，就算去把它做大，也只是用膠原蛋白或其他物質去填充它，但龜頭的敏感度反而下降了，也會影響男生自己的爽度。所以不必去想這些，不如多學習如何讓彼此更性福的做愛技巧比較實際。

Q8 只能在男上女下這種姿勢才能射精，其他姿勢都射不出來，是不是有什麼問題？

A：這種情形有可能是有遲射的問題，遲射和以下幾點相關：1. 特定女生的陰道才能射；2. 特定的手或口才能射；3. 只有自己的手能射；4. 用什麼方法都射不出來。這個問題是只有特定的姿勢才能射，也有可能是遲射問題的一種，又或是雞雞根本不夠硬所以一換姿勢就射不出，總之，還是老話一句，找出真正的病因，再決定如何改善。

Q9 男生勃起角度怎樣算正常？如果愛愛時感覺雞雞往下壓不舒服怎麼辦？

A：根據研究調查，男生的勃起角度可能跟他從小到大習慣把陰莖往左收或往右收有關，但泌尿科醫師認為，太過偏左或太偏右，都是肌肉不平均的狀況，需要做調整，否則可能會影響到兩人的性愛姿勢，但除非太過反常，否則不太需要在意勃起的角度。

一般來說，陰莖勃起的角度可以用張開的手掌來看，大拇指是二十歲，食指為三十歲，依此類推。所以一位二十多歲的男性，勃起之後是平行的（也就是代表四十歲的中指），那表示他的陰莖供血功能可能沒那麼好了；在正常情況下，二十幾歲的男性勃起後陰莖應該是向上翹且很靠近小腹的，表示勃起狀況很好，往下壓不舒服是很正常的，因為角度很上翹，下壓才會不舒服。

Q10 雞雞長度會隨著年齡變長嗎？到了幾歲就不會再長了呢？

A：正常來說，陰莖大約在二十歲左右就發育完成了。年紀大了以後變長，其實是裡面的肌肉或外皮鬆了的關係，以至於整根陰莖往下墜，並不是真的變長。

Q11 如何增加自己的敏感度？常常與女伴做到體力透支了，卻還是射不出來？

A：這可能也是有遲射的問題。近來，越來越多的男性有遲射的問題，有可能是打手槍時尻得太過分或速度太快，到最後整根陰莖已經麻痺了，這是目前醫學和心理學都很難治療的問題，而且比早洩跟陽萎更麻煩，所以男性們要小心，千萬別自己把雞雞玩到壞掉，那就沒救啦！

Q12 看A片打手槍可以，但實戰卻不行，如果我戒看A片及打手槍三個月，可以恢復正常嗎？

A：不可能，就像前面提過的，男性打手槍是吃自助餐，實戰是吃法式大餐，這根本是兩件事，跟恢復正常沒有關係，如果覺得自己的性功能不太正常，應該尋求專業的幫忙。

Q13 不會晨勃怎麼辦？

A：年輕男生沒有晨勃，在醫學上稱為早衰症。正常來說，每天睡著後應該會勃起個四到五次，也就是每九十分鐘會勃起一次，如果沒有，那可能是男性激素太少，或太少操練雞雞了。

Q14 龜頭太敏感碰到會痛，上網查，說要多磨擦，但我不敢怎麼辦？有什麼方法可以解決？

A：龜頭太敏感通常會伴隨早洩，不然就是勃起後很快會軟掉，所以還是先儘早找出會痛的原因吧！

Q15 包皮是不是一定要割？每天有洗也沒包莖的問題還需要割嗎？幾歲割比較好？

 A：只要龜頭能完整露出來，包皮不會太長，沒有影響到性生活的話，就不必一定要割掉。但是如果陰莖常常反覆發炎，就建議一定要割包皮。如果不會發炎，而且平常就很注重個人衛生習慣，那也不一定去割。沒有規定幾歲一定要去割包皮最好，通常我們會建議父母，讓孩子長大後自己決定要不要去割包皮。

 所謂的包莖是指，包皮過長把龜頭整個包覆住，甚至勃起時龜頭也無法露出來，此時就要考慮是否要去割包皮。尤其是「嵌頓性包莖」，也就是將包皮下拉時會卡住，有點像束香腸那樣，以至於進行性行為時會痛，這種情況就一定要去割包皮才行喔！

⊕ 床邊悄悄話

Q16 男人的 G 點在肛門，是不是代表男生適合搞 gay？

 A：其實男生身上有很多敏感帶等待大家發掘，並不是只有前列腺高潮而已，可以參考第 99 頁〈有比單純射精更爽的事？這 3 招讓男人爽到崩潰！〉。男生不是只有射精才叫高潮，有前列腺高潮也不代表男生就適合搞 gay，有一些專用的小道具也可以幫助男生達到高潮。

Q17 請問雞雞除了長度之外，粗細的尺寸有完美比例嗎？

A：陰莖長度和粗細最好的比例是 1：1，也就是說，如果你的陰莖有十三公分長，而粗細圍度也是十三公分的話，那恭喜你有個黃金等級完美比例的陰莖。

Q18 每個月打手槍二十一次比較好，但精子需要六十天才會成熟，到底能不能打呢？

A：可以把精子成熟想像成是一條生產線，你今天打出來的精子是六十天前成熟的，它是不斷的在產出。如果今天做愛五次，頂多後面幾次射出來的是空包彈，因為還沒成熟的精子不會被射出來。但若想讓老婆懷孕的話，可能還是要考慮稍微禁慾，但也不宜禁慾太久，這樣精子的品質也不太好。

Q19 那一個月打手槍二十一次，跟一個月與另一半做愛二十一次，意思一樣嗎？

A：簡單說，就是射精二十一次啊，不管用什麼方式射出來都一樣，都有益攝護腺健康。

Q20 四十多歲就結紮的人，得攝護腺癌的機率比較高嗎？

A：首先要澄清的是，結紮並不會引起任何疾病，但一定有很多人會好奇，結紮後精蟲到底跑到哪裡去了？其實它們會卡在副睪裡面，久了就會被身體吸收，也就是自體吸收精蟲，不用擔心。

Q21 射太多次會不舉嗎？

A：男生有所謂的 CD 期，也就是射完後要休息一段時間才能再次性交。年輕時可能射完了還是硬的，還可以繼續；年紀稍大一點，CD 期可能從兩個小時變成半天，或變成一天甚至一個禮拜，所以和年紀及體能比較有關。

Q22 什麼叫陰莖珍珠狀丘疹？

A：有些有包皮的男生在陰莖龜頭冠的地方，會長出一點一點排列成一排的白色小點，那就是所謂的珍珠狀丘疹，但常被誤以為是得了性病。如果懷疑自己到底是得病還是只是珍珠狀丘疹，請去找泌尿科醫師看看比較保險。

Q23 每次性交都是動沒幾下就射精，平常要怎麼保養？

A：如果真的每次都動沒幾下就射了，要先查出是什麼原因造成的。因為有人天生就是敏感體質，很容易就射出來，這類人可能需要藥物的輔助，或是做些運動，或是一些練習來改善。但更大部分有早洩問題的人，可能本來是正常的，但因為後天的情緒焦慮等問題，或是感染疾病等才發生早洩的現象，這些人更應該要找出原因來解決，不能光靠藥物或運動來輔助。

Q24 之前因為失眠去看醫生，但吃了醫生開的安眠藥後卻發生副作用，就是雞雞會異常勃起，很難退下來？

A：的確有些安眠藥有這樣的副作用，如果你剛好失眠又有勃起功能問題，吃這個藥可以一箭雙雕，但是要小心吃這個藥可能會勃起太

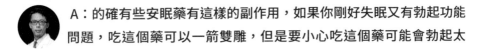

久，如果勃起超過四小時就危險了，陰莖有受傷的可能，要趕快去掛急診。所以如果你原本並沒有勃起功能的問題，最好還是請醫生幫你換另一種安眠藥比較好。

Q25 做愛之前洗冷水澡或沒洗澡表現還可以，但如果是洗熱水澡，幾乎就硬不起來，這跟水溫有關嗎？

A：水溫過高的問題比較會影響的是精子的存活度。這個案例可能原本就有不舉的問題，建議還是去找醫生檢查確認原因，也許跟別的疾病有關，而不是洗澡的水溫喔！

Q26 網路上流傳知名藝人的「空幹法」，多練習有用嗎？

A：空幹真的有用，大家可以好好練習。練習的時候要注意，當屁股撅起來的時候，陰莖一定要打到腹部，把陰莖甩上來，這樣才可以訓練到腰力，不然就白練了。有些有早洩問題或是做愛次數不多的男生更是要練，這樣才可以常常鍛鍊到那些部位的肌肉群。

男女都該知道的那些事

Q27 當男生射精的瞬間，女生在上面是要繼續搖動，還是停止呢？

 A：繼續搖啊！他正在爽的時候突然停止反而怪。所以不用想太多，繼續給它搖下去就對了！

Q28 我喜歡在不同的場所，跟不同職業、星座的女人做愛，這算性成癮嗎？

A：這種集點式的概念，應該是享受征服的感覺吧，不過，後果可要自負喔！我曾經聽過一個案例，某位男性喜歡蒐集世界各國不同的女性，有次和一位黑人女性上床，沒想到被那女性嫌棄雞雞太細小，從此後他就不舉了……

Q29 做愛時，男生喜歡女生看著自己嗎？但我都不敢和男生對看，請問該怎麼做比較好呢？

A：其實男生沒有想這麼細耶，他們就是喜歡看女生有點色色的，看起來很滿足的表情，這種擔憂都是不必要的，應該說，大家都被 A 片誤導了，真的不用太擔心對方，專心享受當下的快感就好了。

Q30 怎麼知道女生叫床是不是演的？

 A：女生願意為你叫床已經算是很有誠意，也表示她很在乎你，你要做的就是多努力點，讓她更舒服更開心，好好學習這本書裡傳授的

性技巧，你就不必再擔心這個問題了。

Q31 越來越不想跟老婆做愛怎麼辦？總要想著其他女人才會想做，這樣是有病嗎？

　　A：這應該要看雙方平常的溝通情形如何？大部分原因都是心理因素而不是生理因素。其實在做愛的過程中，多多讚美對方，為彼此建立成就感也是很重要的事，試試看做些改變，突破平常的慣性模式，也許一切都會不一樣。

Q32 女生做愛次數跟男生做愛次數，有平均值參考嗎？

　　A：這和個人的情慾高低有關，並沒有一定的數值可參考。不過一般而言，男性的性慾還是比較強，因為男性性器官外顯，逗弄一下就想發洩了，但是要讓女生下面溼，沒有那麼容易，尤其對熟女而言更是，附帶一提，要讓熟女下面快點溼，可以用一些情趣用品或一起看Ａ片輔助，會有不錯的成效喔！

Q33 男女生都是第一次，該怎麼做才對？

　　A：大家都是第一次的話，只要不要插錯洞就好了哈哈。好啦，言歸正傳，第一步就是先了解女性的生理結構，請先翻到第123頁〈成為指尖上的武林高手，男人必學指愛技巧3招！〉好好研讀一下。另外，因為女生的第一次一定會不舒服，所以陰部的溼潤度非常重要，可以先準備一些潤滑油，減輕破皮的機會和範圍。

Q34 處男第一次都是秒射嗎？在尚未實戰前，如何提高男性第一次的表現？

 A：第一次表現不好本來就是很正常的，不必給自己太大壓力，也不要打腫臉充胖子說自己有很多經驗，不如老實跟對方說自己是第一次，凡事總有第一次啊，有第一次才會有第二次，多練習就會越來越厲害。

Q35 老婆不願意被舔，請問有什麼辦法嗎？

 A：先了解她為什麼不願意被舔，其實女性大多是大腦無法接受被舔和舔人這件事，可能直覺認為這是件低級下流的事，因為她的大腦性開關還沒被打開，所以首先就是用誠意好好深入溝通，才能幫她打開開關，千萬急不得。

Q36 被別人看到雞雞，心裡就會有種被開發、很愉悅的感覺，正常嗎？

 A：如果別人不想看，你卻硬要別人看，那就涉及公開猥褻罪，自己要小心啦！最重要的是彼此尊重，我擔心這是暴露癖的一種形式，如果造成困擾，應該及早進行專業協助，以免影響關係及性功能。

Q37 男朋友太色怎麼辦？

 A：這當然要跟妳說聲恭喜啊！除非他色色的對象不是妳！哈哈～

Q38 陰毛要剃嗎？

A：以女性來說，陰毛主要的作用是在抵擋汗水直接流到會陰部，造成不必要的感染，另外，也可以緩衝撞擊力道，才不會直接摩擦受傷。全部剃掉的話，陰部失去保護也容易造成毛囊炎，但也不要完全不整理，稍微定期修剪，做做造型，給另一半驚喜也不錯！

床邊悄悄話

有時候女生即便把陰部清洗乾淨，還是有味道，這時候就要考慮是否因為無套的性行為，男生射在女生陰道裡的精液沒有完全流出來所造成的。建議女生在事後的清潔，可以自己用乾淨的手指頭，伸進陰道把分泌物清出來，不要讓它殘留在裡面，對健康比較好。

Q39 怎樣避孕最安全，擔心中獎一直不敢愛愛？

A：最安全的避孕方法，就是女生一天吃一顆事前避孕丸，男生則一定要戴保險套，兩方同時做保護，是目前所知範圍內最可靠的避孕方法。不要因為算安全期就放心中出，這是非常容易中獎的！

Q40 要怎麼做才能解放女友的潛能，從清純變得騷？

A：我是不鼓勵你去改變另一個人，不過你可以跟她介紹玩開來有多好玩，慢慢的引誘她，但如果試了一兩次，例如邀她做角色扮演，她還是覺得不舒服，不想再來第二次的話，就不要再勉強她了。

Q41 請問以女生的角度來看，男生有戴套跟沒戴套的感覺有差嗎？

A：如果你的雞雞硬度非常實在，加上整支有些段落差的話，可能有套和無套對女生來說確實會有不同的感覺，但如果你的雞雞整支都很平滑沒有段落差，有套和無套對女生來說應該是差不多的。其實對有早洩問題的男性來說，戴保險套也是增加持久度的方式之一，不用排斥。

Q42 請問泡溫泉或按摩有可能被傳染性病嗎？

A：這種情形被傳染的機會非常低，做好個人衛生就不用太擔心。

Q43 怎麼知道自己適合哪種尺寸的保險套？

A：其實保險套尺寸跟陰莖長短無關，反而跟粗細有關。保險套有兩大材質，一種是乳膠，延展性好但比較厚，另外一種是市面上號稱超薄的那種，因為材質不是乳膠，延展性比較差，戴起來感覺會比較緊一點，可以根據陰莖粗細決定用哪種。當然最簡單的方法就是多買幾種牌子來用看，就會知道自己到底適合哪個尺寸啦！

相信很多人不知道，一個保險套一次只能用三十分鐘，三十分鐘後要換一個，以免太乾造成摩擦不舒服或破掉等問題。

床邊悄悄話

Q44 請問市面上有些知名保險套聽說有塗麻藥，是真的嗎？

Ａ：確實有些保險套會加麻藥和殺精藥在裡面，麻藥會讓男生有點麻麻的沒感覺，因而比較持久。但這種保險套千萬別戴反了，否則讓女生麻麻的沒感覺，不就白做工了。

Part **2**

老司機開車還不快上！
實戰技巧無私分享篇

在家自我訓練持久硬邦邦，按摩 5 招，改善陽萎、早洩！

`09`

🔍 五招超詳細按摩法，解救你的「兵器」

➕ 諮詢專家：童嵩珍老師

曾有研究顯示，西方國家男性平均進入陰道後射精的時間大約六到十分鐘，亞洲男性則有 75％ 只有三到五分鐘。到底怎樣算早洩？早洩該怎麼辦？相信是許多男性想問卻不知道怎麼說出口的大難題。別擔心，就讓專家教你如何透過按摩在家「練兵」。

硬度和持久度究竟要如何自我訓練，一直是許多男性非常困擾的事。其實在家真的就可以自我訓練，勤加練習，你也可以持久硬邦邦！

如何在家自我訓練「兵器」？

根據世界男性醫學會提出的報告，「早洩不治療，陽萎等著你！」為什麼這麼說呢？以男性最了解的車子來比喻，早洩，就是車子能開出去，該煞車時卻停不下來；而陽萎（勃起功能障礙）可以比喻為，車子停在車庫裡面，根本發動不了。

以專業的角度來說，早洩是神經過度敏感，但基本機械（陰莖）沒有壞，只是因為敏感度過高而暴衝，而勃起功能障礙，則是血管充血度不足，無法「站」起來。

雖然研究顯示，大多數亞洲男性只持續三到五分鐘，看似時間頗短，其實算是正常的。因為男生持續抽插不停三到五分鐘，女性應該已經可以達到一點滿意程度，開始興奮了。這時候男生如果持續進行，隨著女方誘人的聲調跟姿態很可能就會忍不住射了，男生想要再持續久一點的話，需要自我訓練的其實是控制力。

根據這個調查報告，男生持久度平均大概是七點二分鐘左右，所以只要把陰莖練到能持續個十分鐘，兩性之間做愛的愉悅程度就能達到基本水準了。然而要怎麼訓練呢？以往很多男生都有個錯誤觀念，以為「常擼」

就是訓練，但其實有些人就是「擼」過頭了，擼到他一定要很大的刺激才能勃起，結果最後就是變成陽萎，反而更慘。

古人造字真的很厲害，「性」這個字拆開來看，就是心和生，也就是指心理和生理。所以要改善男生的早洩、陽萎問題，得從心理和生理兩方面下手。根據社會心理學家馬斯洛的需求理論，生理需求是屬於較低層次的需求，必須先獲得滿足，所以放在處理的第一順位，也就是先訓練如何控制生理，讓陰莖敏感度下降，接著再來增加大腦的意志力（心理方面），訓練硬度和持久度。

自我實現　　如：發揮潛能，實現理想

尊重需求　　如：受到尊重與肯定

社交需求　　如：愛情，友誼，歸屬感

安全需求　　如：人身安全，生活穩定

生理需求　　如：空氣，水，食物，性慾

馬斯洛需求層次理論

相信每個男生都有一套自我控制大腦意志力的方法，想辦法「延射」，但想要訓練持久度和硬度，還是得靠專家。以下幾種方法快學起來，保證一生受益無窮，伴侶離不開你！

訓練持久度：深蹲

深蹲可以幫助持久度，這動作不只讓女生可以訓練窈窕下半身及臀型，還可以訓練男生陰莖的持久度。因為深蹲訓練的就是下盤的肌耐力，也就是增強臀部肌肉。做愛的時候，男生需要前後動作著，所以加強下盤肌肉，對控制持久度而言是非常有效的。

訓練硬度第 1 招：專注在做愛時舒服的感覺

其實很多男生做到一半會軟掉並不一定是生理問題，而是跟他無法全心專注在做愛上有關係。

勃起功能障礙跟早洩是有一些關係的，就是男生怕太早射而不敢硬，通常很硬的時候就要射了，但男生會盡量把自己的硬度維持不要太硬，但可能控制得不是很好，最後就變成直接軟掉了。很多男生就是靠大約 60% 到 70% 的硬度來動作而且自覺很爽。但其實你軟了，對方都感覺得到，你只要一軟掉，女生的妹妹馬上就能感受到摩擦的力道不一樣了。

練硬度最重要的，就是讓大腦專注在做愛時舒服的感覺，不要亂想一堆有的沒的，而是專注在眼前。

訓練硬度第 2 招：常常按摩

 想必男生應該三不五時都在擼自己的小弟弟，但要擼得正確才能對增強硬度有幫助啊！以下介紹五招按摩法，幫助男生訓練雞雞硬度。女生也可以學起來增進閨房情趣喔！

① 人字型按摩法

 男生要進行增強硬度訓練，降低龜頭的敏感度是最重要的。首先要提醒的是，在把陰莖掏出來按摩前，請先抹點油，不然很容易破皮喔！但千萬別拿沙拉油或是橄欖油來使用，一定要用所謂的潤滑油或水性按摩油。附帶一提，若你習慣用管狀的東西或飛機杯來自慰，請用矽性油，因為矽性油可以比較持久。

人字型按摩手法的步驟很簡單，先想想人字筆畫是不是一左一右，按摩的手法，就是陰莖的左右兩邊都要按摩到就對了。

STEP 1

將手比成 L 型，虎口朝下。　　　　　握住陰莖的冠狀溝

STEP 2

輕輕滑過冠狀溝，滑到對側約一半後，
反手推著龜頭。

STEP 3

以掌心輕輕滑過龜頭的上端。

STEP 4

接著再握住陰莖，往下擼到底，用虎口
夾著。這裡要注意的是，一定要夾著，
否則包皮會往上凸一點點出來，當你要
換另一手去按摩時，包皮容易回彈蓋住
冠狀溝。

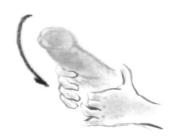

 然後左右兩邊交換做幾次，這個按摩法可以訓練降低龜頭的敏感
度，還能讓陰莖變得更緊實，持久度加倍，硬度也更強。如果是
早洩的問題，這個按摩動作可以慢慢做；如果不夠硬的話，可以搭配情
趣影片來動作。另外要注意的是，握陰莖的力道要小心，千萬不要太用
力去握，否則可能因為習慣這種緊度，造成未來在陰道裡面無法射精。

男生的生殖器官大致可分成四個部分：龜頭、冠狀溝、陰莖
體，還有睪丸（也就是俗稱的蛋蛋），可以參第 97 頁的插
圖會更清楚。

⊕ 床邊悄悄話

② 旋轉法

 這個方法主要是按摩陰莖根部，對於不夠硬的男生非常有用，趕快練習看看吧！

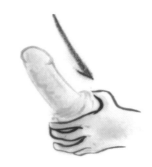

STEP 1

先將包皮褪到底，好好夾著，小弟弟才會變硬。

STEP 2

接著就是旋轉往上拉，可以想像手轉開喇叭鎖的感覺，轉過去往上拉。左右手重複這個動作，多做幾次。

③ 四象限按摩法

 這個方法適用於真的非常非常早洩的人，方法很簡單，就是用手掌輕輕在陰莖的上下左右輕撫而過，同樣反覆幾次。

④ 鑽木取火法

 把雙手放在陰莖兩側，接著由上而下輕輕的從龜頭按摩至陰莖根部，做出鑽木取火的動作。

⑤雙人練習法

 有些男生好不容易把自己的槍磨好了，但在伴侶面前卻仍是無用武之地，所以下面要介紹雙人一起進行的按摩技巧，畢竟美好的性愛體驗是要兩個人共同創造的啊！

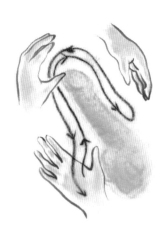

STEP 1

伴侶可以先用一隻手，從男生的陰莖根部往上按摩，滑過頂端再往下滑回根部。

STEP 2

另一隻手接著從側面輕撫過陰莖。

STEP 3

接著反覆上述兩動作。

「雙人練習法」看起來好像很難,其實不會,提供大家一個簡單易記的口訣:「一隻手南北端,另一隻手東西端。」南北加東西,來回按摩數次就對了。

以上這五種按摩法,除了能幫助男生改善早洩和陽萎問題,也有助於提升雙人的性愛美滿契合度,所以不管男生還是女生都要勤學勤練喔!

破解坊間治療早洩和陽萎的民俗療法迷思

迷思 1:上廁所時憋住不尿訓練持久度

這個方法有個專業名詞,叫做「段尿法」。很多人以為這是將膀胱裡的尿分成五等分尿完,其實不是,正確的方法應該是,先尿一點出來,然後憋住停下五秒,再尿一點,然後再停五秒,再尿。如此五次之後,再一次把尿全部排出來。

這個方法主要是鍛鍊尾底肌肉,而且不是練硬度或持久度,而是練鎖精度,因為大多數人平常很少用到尾底肌肉,可以利用尿尿的時候來練,之後做愛想射精的時候,就可以鎖住不會早洩了。

迷思 2:做愛時故意轉移注意力讓自己更持久

這種方法其實非常不可取,有些人在做愛時故意想些有的沒的或是數數,

想藉此讓自己更持久，但這樣只會造成心理上的混亂，也對女伴不尊重，還不如按照我前面教的方法，訓練降低龜頭的敏感度，並增加它的活化硬度，加上運用大腦去控制想射精的衝動，才是最有效的持久法。

迷思 3：打手槍時故意不射訓練持久度

在專業性治療裡，故意不射叫做「動停法」，也就是做愛時動動動，想射的時候就暫停一下，以為這樣可以練控制力，但對容易早洩的人來說，故意不射反而會造成適得其反的後果。另外還有一個方法叫「抓握法」，就是用手抓住陰莖，讓想射的精液鎖在陰莖裡面。這種方法更糟，因為它會像槍管膛爆一樣，直接射到膀胱裡面去，造成逆行性射精，不僅很痛，還會造成泌尿道的疾病，千萬不要亂嘗試啊！

 本章破解一些常見的民俗療法迷思。在性方面有任何問題，一定要尋求專業諮詢，千萬不要在網路上看到一些似是而非的說法就隨意亂試，萬一造成無法挽救的後果可就得不償失！

性愛的美好不在於分鐘數，兩人之間的互相體貼及關愛才是最重要，彼此的溫度遠勝於時間的長度。

獨門密技，
讓男人欲仙欲死的口愛4式！

80

🔍 吹簫妙招大公開，在家也能練！

✚ 諮詢專家：童嵩珍老師

口愛也就是俗稱的口交，根據性治療的臨床案例顯示，口愛確實能讓性愛更美滿，特別是男性，都會希望女生幫他服務。然而很多女生對於把那根含進嘴裡確實有障礙，需要先做些心理建設：首先，不要覺得這是很低下的事，而是增加情趣的方法之一。此外，也要明確的告訴另一半，請他先做好清潔工作，才能放心幫他口愛。口愛其實沒有想像中的難，如何幫男生口交，才能讓他爽翻天呢？老司機的獨家妙招傳授給妳！

如何讓她願意幫你吹呢？

大部分女生對於把那根含進嘴裡是很不情願的，主要原因是害怕男性性器官的味道，以及對清潔問題有疑慮等等。不然就是放不下女性的自尊心，覺得口愛這件事是從事特殊行業的人才會做的事。

有些男性也不願讓伴侶為他口愛，可能會有這種事只能讓性工作者來服務的老舊觀念，或是他的伴侶怎麼吹都吹不好，兩人在口愛這方面沒成就感，只好不了了之。其實如果男生願意好好把陰莖洗乾淨，在清洗時不要只是過過水而已，要把包皮退下來好好把裡面洗乾淨，時時修整陰毛，不要讓女生一脫掉你的內褲就看到一堆雜草，立馬萌生退意。只要在口愛前做好個人清潔衛生，相信另一半不會排斥幫你口愛的。

口愛前的預備操

個人認為幫男生服務，口愛比打手槍還難，更是需要好好學習的性愛技能。好的口愛可以讓男人上天堂，但在口愛前有些預備動作要先做，才能達到事半功倍的效果。

動作 1. 測試嘴唇柔軟度：

在練習口愛前，先測試自己的嘴唇柔軟度，方法是：先把嘴唇嘟起來，然後把手放在嘟起來的嘴唇上，慢慢找出一個自己感覺舒服的柔軟度，這樣當妳用唇去含住陰莖時，男生也會感到舒服。為什麼

要做這個動作呢？原因很簡單，唇嘟起來太硬陰莖會不舒服，太軟，口愛起來會很沒力也沒感覺，所以嘴唇的柔軟度很重要。

動作 2. 嘴巴呈 O 字型：

嘴巴呈現 O 字型，並保持中空，然後練習吸吮的動作。這個方法可以練習口愛時的鬆緊感，因為大部分女性在口愛時，就只是制式的吞吐動作而已，男生會覺得無聊沒感覺，所以要讓男生的陰莖在妳嘴裡感受到，宛如真空壓縮般一縮一放的節奏，帶他直衝雲端。

不妨試試由日本男同志提供的獨門口愛吸吮法，方法如下：
STEP ① 先把嘴巴張大，空氣吐光。
STEP ② 準備些許口水。
STEP ③ 將嘴巴兩頰縮緊，達到真空效果。

動作 3. 練習舌頭靈巧度：

曾經看過有個練習可以讓舌頭更靈活，可以練習口愛也可以運用在舌吻上，非常好用。就是用舌頭在對方的口腔裡面畫 A 到 Z，這樣舌吻會非常有變化。假設另一半的名字叫 Andy，舌吻時，就在他的口腔裡畫上這四個英文字母，再叫他猜猜看寫了什麼，這麼充滿情趣的驚喜，他怎麼可能不興奮不衝動，而且還可以練習舌頭的靈巧度，為口愛做準備，一招兩用！

動作 4. 練習彈脣：

 將嘴巴裡的氣吐出來的同時，把嘴脣放鬆，讓脣有震動感，能同時放鬆舌頭和嘴脣！

口愛必會 4 式：吸・舔・頂・勾

 做好預備動作之後，接下來就要教大家攻略男性必學技巧——吸・舔・頂・勾。

吸：步驟方法請參考前一頁介紹的日本男同志獨門口愛吸吮法。

舔：像在舔冰淇淋一樣，把舌頭放平，舔陰莖。

頂：用舌面去頂龜頭，讓陰莖如同頂到子宮頸的感覺。有些男生喜歡深喉嚨，就是因為可以把陰莖頂到對方的喉頭處，宛如頂到子宮頸般的爽感，用舌面去頂他的龜頭也可以有同樣的效果。

勾：把舌尖稍微往上勾到陰莖冠狀溝的部位，絕對會讓他爽到忘我。

 不管是幫男生手愛還是口愛，記得，一定要先將陰莖的包皮退下來，否則不管再怎麼弄，就是隔了一層皮，只有隔靴搔癢，搔不到癢處的無奈感而已。

床邊悄悄話

吹簫神技：4字母口技法「SOZI」

 配合前面提到的畫英文字母技巧，SOZI 也是很好用的口技法，操作起來也很簡單。

S：用舌頭在龜頭左右方滑動。

O：用舌頭舔整個冠狀溝周圍。

Z：舌頭由上（龜頭）往下（陰莖根部處）舔，呈Z字型。

I：舌頭從上往下舔到底，再由下往上舔，來回幾次。

另外，千萬別忘了男生的蛋蛋（睪丸）也是很重要的地方喔！男性囊袋上的皺褶敏感度是很高的，可以用嘴把蛋蛋整個含住，再用舌頭做輕刷的動作，會讓男生爽度加倍。

口愛也可以搭配手愛。女生可以一邊把大拇指放在男生肛門口做摩擦的動作，一邊用嘴做口愛，會讓男生爽到忍不住呻吟起來。不過如果妳只是新手，就先不要手口並用，以免「手忙嘴亂」，先專心在口愛上即可。等到口愛功力大增之後，再慢慢加入手的動作，如此也可以給男方驚喜並增添性生活上的樂趣。

想要更了解陰莖的構造，可以參考下面的插圖。

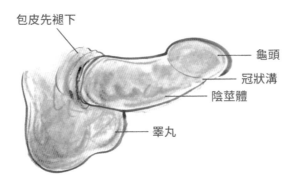

包皮先褪下

龜頭

冠狀溝

陰莖體

睪丸

進階技巧 1：深喉嚨技法大公開

有些女生視「深吞」為高難度動作，因為當陰莖伸進口腔約三分之二的地方，就會觸發嘔吐反應，所以陰莖快要頂到喉頭時，女生就會因為嘔吐感而不舒服。

有個方法可以克服這種感覺，就是當女生將龜頭含進嘴裡的時候，同時在陰莖做上下拉抽的動作，接著用嘴含住頂端去做吸舔等動作，也就是不一定要一開始就吞下整根陰莖，而是透過分解動作，分成上半部跟下半部兩部分來處理，當妳一邊拉抽陰莖一邊吸舔龜頭時，男生就會感到整根陰莖彷彿完全伸進妳的嘴裡而萬般滿足。

進階技巧 2：運用牙齒的小技巧

有些女生擔心口愛時牙齒會不小心傷到男生的陰莖，其實把嘴巴拱起時就會把牙包覆住，並不會傷到陰莖，而且有些男生喜歡被啃咬的感覺，因此當妳含住陰莖後，也可以用牙齒輕輕啃咬，會給男生帶來意想不到的興奮感。不過，這是有點難度的進階技巧，而且也要先跟男生確認他不排斥被啃咬的感覺，再去進行比較適當。

口愛小道具

這邊也介紹一些口愛小道具，提供新手練習使用，像是口愛保險套（套在男生的陰莖上）和口愛保險膜（鋪在女生的陰部上）。如果有人對口愛有心理障礙或有潔癖的話，可以用這些小道具練習，但其實只要維持單一性伴侶，並且做好個人的陰部清潔衛生，就不太需要用到這些小道具。

女生幫男生口交，絕對是美妙的閨房情趣之一，除了可以透過欲擒故縱的技巧挑逗對方，一「嘴」掌控對方的情緒，最後讓男生在妳的嘴裡直達天堂，爽到渾然忘我的境界，也會因此獲得成就感。

深夜
保健室

有比單純射精更爽的事？
這3招讓男人爽到崩潰！

🔍 了解男人生理構造，才能攻無不克！

➕ 諮詢專家：程威銘醫師

你以為男人射精就等於高潮，你以為男人追求的就是
那一發嗎？相信很多涉世未深的男性，連自己都搞不
清楚原來還有比射精更爽的事！你知道男人也有 G 點
嗎？而且竟多達三個，想了解如何讓男人欲仙欲死、
爽到升天，就用這幾招！

男生的高潮到底是什麼感覺？

如果問男生，高潮到底是什麼感覺，大部分回答就是簡單一個字：「爽」！然而真的只有射精才爽嗎？答案恐怕不一定，其實男性的高潮可是更有深度及層次的。根據一些老司機的經驗說，高潮時會覺得陰囊很灼熱，加上一些酥麻感，然後持續累積，最後如火山爆發般噴發出來的感覺。也有人形容很像滑雪時，一開始是一直往下衝，接著速度越來越快，滑到一個斜坡然後一整個往上衝的爽快感……關於高潮，每個人各有各的感受，可是很多人不知道，其實男性高潮跟射精，根本是兩回事！

男性的高潮不等於射精？

男性高潮確實不等於射精。有些人有高潮但沒射精，有些人有射精卻不覺得有高潮。大部分有高潮但沒射精的男性，可能是因為服用攝護腺藥物的關係，造成性行為時雖然都很正常，但要射精時卻射不出來。其實他還是有射精的，只是往內射到膀胱裡面去了；有些人則是因為射精管阻塞，所以射不出來；又或是糖尿病沒控制好，造成無法射精的狀況。

另外一種狀況是，射了但卻一點爽感都沒有，有可能是神經受損的關係，雖然射了但沒感覺。但更普遍的情況是，為了生小孩每天照表操課，甚至若老婆無法自然受孕，而必須去做人工受孕，老公就得在小房間裡把精子打出來，那種為了射精而射精的狀況下，可能就沒有什麼特別的感

覺。也因此可以證明，男性高潮絕不等於射精，所以廣大的女性朋友們千萬別以為看到男生射了，就以為有滿足他了。不妨觀察一下另一半的射精量，男性在比較興奮的時候，射精量也會比較多喔。

這 3 招讓男生爽翻天

以下分享三個專屬男人的高潮祕笈，男女都要懂，才能一起爽到爆炸啊！

第 1 招：忍住不射的技巧

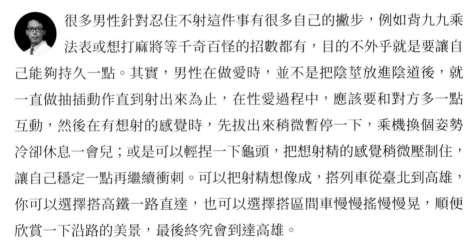很多男性針對忍住不射這件事有很多自己的撇步，例如背九九乘法表或想打麻將等千奇百怪的招數都有，目的不外乎就是要讓自己能夠持久一點。其實，男性在做愛時，並不是把陰莖放進陰道後，就一直做抽插動作直到射出來為止，在性愛過程中，應該要和對方多一點互動，然後在有想射的感覺時，先拔出來稍微暫停一下，乘機換個姿勢冷卻休息一會兒；或是可以輕捏一下龜頭，把想射精的感覺稍微壓制住，讓自己穩定一點再繼續衝刺。可以把射精想像成，搭列車從臺北到高雄，你可以選擇搭高鐵一路直達，也可以選擇搭區間車慢慢搖慢慢晃，順便欣賞一下沿路的美景，最後終究會到達高雄。

不過，男生也不要只是為了延長時間而忘了要和對方互動，畢竟在做愛的過程中，雙方彼此的互動與感受是很重要的，互相探索對方的身體，了解彼此的喜好及敏感帶才能達到真正的「性福」。

老實說，女生真的沒有很在乎男生有沒有超過十分鐘，如果在前戲或雙方互動的過程中，女生已經感到很滿足了，在做活塞運動時，真的不需要一定要多長的時間才能滿足女生。

第 2 招：男人專屬的前列腺高潮

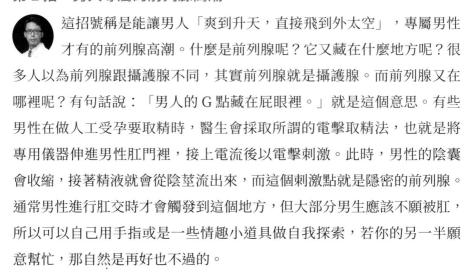這招號稱是能讓男人「爽到升天，直接飛到外太空」，專屬男性才有的前列腺高潮。什麼是前列腺呢？它又藏在什麼地方呢？很多人以為前列腺跟攝護腺不同，其實前列腺就是攝護腺。而前列腺又在哪裡呢？有句話說：「男人的 G 點藏在屁眼裡。」就是這個意思。有些男性在做人工受孕要取精時，醫生會採取所謂的電擊取精法，也就是將專用儀器伸進男性肛門裡，接上電流後以電擊刺激。此時，男性的陰囊會收縮，接著精液就會從陰莖流出來，而這個刺激點就是隱密的前列腺。通常男性進行肛交時才會觸發到這個地方，但大部分男生應該不願被肛，所以可以自己用手指或是一些情趣小道具做自我探索，若你的另一半願意幫忙，那自然是再好也不過的。

第 3 招：男人三個敏感的神祕地帶

女生在性愛過程中可以高潮迭起，但男人其實也有三個 G 點。一起來了解一下，能讓男人欲仙欲死的三個 G 點到底在哪裡？

第 1 個 G 點：繫帶

相信一定有很多人不知道繫帶在哪裡？它其實就是連接陰莖和龜頭間一條像帶狀的東西，據說是男生全身上下最敏感的地方，一般在割包皮時，醫生都會特別小心將它保留完整，以免影響男人一生性

福。女生在按摩男生的陰莖時，可以輕柔的撫摸繫帶處，或者用一些小道具，像是羽毛之類的去逗弄繫帶，絕對會讓男生爽到爆！

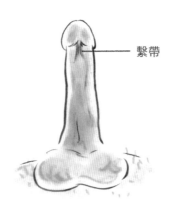

繫帶

 要提升更高的刺激感，也可以在嘴裡含個冰塊去吸吮這個地方，讓男生感受一下什麼叫做冰火五重天！可以盡情發揮享樂創意，但還是要注意安全和衛生喔。

第 2 個 G 點：會陰

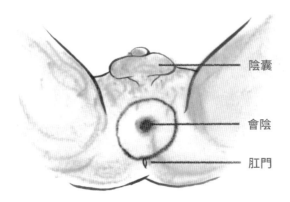

陰囊

會陰

肛門

男生的會陰很好找，它就位在陰囊跟肛門中間的區域，也是非常靠近前列腺（即攝護腺）的地方，所以有時從男生的會陰部去按壓，也可能會按到前列腺。且這附近神經分布滿多的，可以用輕柔的方式刺激按摩，或是用一些震動型的情趣用品，讓男生爽到凍嘸條。

第 3 個 G 點：乳頭

每個人的敏感帶不一樣，一般身體上常見的敏感部位，有嘴唇、耳朵、耳垂、脖子等等。有些男生的乳頭也是他的敏感帶，有些人則不是，所以女生不妨嘗試輕吮男生的乳頭，聽聲音就知道這是不是他的 G 點啦。

做愛的最高原則就是，雙方都能滿意並達到滿足感。所以不妨常做自我身體探索，找出自己的敏感部位，然後大方告訴另一半，讓性愛更融洽。

你今天硬了嗎？
自己在家測勃起功能！

82

🔍 何時該求助專業？性治療內容及過程大揭密！

✚ 諮詢專家：童嵩珍老師

你們的房事性福嗎？做愛品質好嗎？完事之後，你的另一半對你有什麼評價呢？根據研究，四十歲以上的男人有高達 56% 的人有早洩的問題，而三十到三十九歲的男人則高達 35%。這些男性中，有 70% 的人都沒有接受過正規的性治療。然而，男性在怎麼樣的情況下算是有性功能障礙？又是什麼樣的情況需要接受專業治療呢？男人們不好意思開口問的事，這裡一次為你解答！

你今天硬了嗎？

很多男性朋友可能在二十幾歲時，一個晚上可以來好幾次，但從三十多歲起，一天來個一次就已經算不錯了，不像以前那麼硬或持久，這是正常的現象嗎？還是真的開始有性功能障礙的問題？相信很多男性都很焦慮。

首先，你要先區分自己到底是生理上或心理上的問題，例如，到底是心理上對另一半已經厭倦，沒有感覺無法產生性慾了，還是性功能上真的出現問題，要判定是生理上或心理上的問題，可以用以下幾個現象來觀察。

生理現象：晨間是否有勃起？

如果每天早上，你的小弟弟都比你還早醒過來，也就是每天你眼睛一睜開就看見陰莖已經昂然而起，那麼你的性功能就是正常的。但如果一週內，早上勃起只有一到三次，甚至次數越來越少，那就可能有早衰的情況，這就屬於生理上的問題，建議及早就醫。

心理現象：看到性伴侶莫名緊張

許多男性不願承認但卻真實存在的情況是，他只要一看到性伴侶就莫名緊張，可能是因為兩人過往的做愛過程不順利而造成壓力，這就屬於心理上的問題，最好的解決辦法就是跟對方多溝通。

如果在溝通之後，進行性愛過程的前戲愛撫時已經完全不焦慮了，那麼依專業性治療師的判斷來看，這樣的問題算是輕度的，只要兩人能夠持續溝通互相體諒，就能慢慢好轉。但是，如果溝通後，在性行為的任何階段，你仍舊感覺緊張甚至害怕不夠硬或太早射精等，那就真的需要找專家來協助了。

自己檢測性功能

 在求教專家之前，你也可以在家自我檢測性功能，先了解一下自己可能有哪些方面的問題，有以下幾種方法可以試試。

1. 量表評估：

 提供三個專業用的量表給大家自我評估。

① FSFI 量表：有關女性性功能滿意度量表，內容比較複雜，大家可以直接到網路上查詢下載。

②**IIEF 量表**：這是評估男性勃起功能是否有障礙的量表。

IIEF 量表（國際勃起功能指標量表）

請圈出符合您症狀的數字（在過去六個月當中）。

1. 您如何評價能夠達到並維持勃起的信心程度？

毫無把握	非常低	低	中度	信心	信心滿滿
0	1	2	3	4	5

2. 當您受性刺激而勃起時，硬度足夠插入陰道的頻率？

從來沒有	完全或幾乎不可以	少數幾次可以	一半左右可以	多數可以	幾乎每次都可以
0	1	2	3	4	5

3. 性交中，您插入陰道後能維持勃起的頻率？

從來沒有	完全或幾乎不可以	少數幾次可以	一半左右可以	多數可以	幾乎每次都可以
0	1	2	3	4	5

4. 性交中，您維持勃起到完成行房有多困難？

從來沒有	極度困難	非常困難	困難	有點困難	不困難
0	1	2	3	4	5

5. 當您嘗試性交時，您能滿意的頻率？

從來沒有	極度不滿意	只有少數幾次滿意	一半左右滿意	大多數滿意	幾乎每次都很滿意
0	1	2	3	4	5

評分：請將上述五題之得分加總，分數低於或等於 21 分，即可能有勃起功能障礙

分數加總：_____	5-7 分為嚴重勃起功能障礙 8-11 分為中度勃起功能障礙 12-21 分為輕度勃起功能障礙 22-25 分為無勃起功能障礙

③**PEDT 量表：**這是評估男性是否早洩的診斷量表。

PEDT 量表（國際早洩評估量表）

請圈出符合您症狀的數字（在過去六個月當中）。

1. 要您延遲射精有多困難？

一點都不困難	有點困難	中度困難	非常困難	極度地困難
0	1	2	3	4

2. 您是否在您想要射精前就射精了？

從來沒有或是幾乎從來沒有（0%）	少於一半時間（25%）	大約一半時間（50%）	超過一半的時間（75%）	幾乎每次或是每一次（100%）
0	1	2	3	4

3. 您是否在輕微刺激下就會射精？

一點也沒有	有一點	中度	非常	極度地
0	1	2	3	4

4. 您是否因為在您想要射精之前射精而感到挫折？

一點也沒有	有一點	中度	非常	極度地
0	1	2	3	4

5. 對於您到達射精的時間讓您伴侶的性慾無法滿足，您有多擔憂？

一點也沒有	有一點	中度	非常	極度地
0	1	2	3	4

評分：請將上述五題之得分加總，分數高於或等於 9 分，即可能有早洩症狀

分數加總：_____	8 分以下為無早洩症狀，無需治療 9-10 分可能有早洩症狀，請尋求專業醫師諮詢 11 分以上具有早洩症狀，請尋求專業醫師治療

經過這些量表的評估後，你應該會對自己是否有性功能障礙更深入了解。話說回來，也有可能是有些人對自己要求太高，如果你的性伴侶對你的表現已經很滿意了，就不必為難自己一定要堅持多久或是一定要多硬才行……總之，兩人之間經過溝通就能達到彼此滿意的話，其實也不需要特別去接受專業治療。

床邊悄悄話 以上這些量表，「台灣性功能障礙諮詢暨訓練委員會」網站都有提供詳細資料。

2. 用常見食材評估陰莖硬度：

用食物來比擬雞雞的硬度？千萬不要懷疑，這是經過真人實證確實有用的，請準備好以下四種食材：小黃瓜、帶皮香蕉、剝皮香蕉和蒟蒻。

一般在專業性治療時，會使用「硬度檢測器」來檢測陰莖硬度，但相信沒有人家裡會專門準備一個硬度檢測器來隨時偵測自己的硬度吧？所以可以用上面列出的四種常見食材，來了解自己的硬度大約在哪個區間。

① **小黃瓜**：用硬度檢測器來測量的話，小黃瓜的硬度可達 30 ～ 40，所以當你手握陰莖的硬度和握小黃瓜差不多感覺的話，就是「硬是要得」的了不起啊！

② **帶皮香蕉**：以硬度檢測器測量硬度，帶皮香蕉硬度大約在 15 ～ 20，

是正常且標準的硬度。

③ **剝皮香蕉**：這個硬度已經不足以進入陰道了，算是有性功能障礙了，需要考慮接受治療。

④ **蒟蒻**：這個光用看的就知道根本無法勃起，這通常是老年陰莖的狀況，如果不常使用，甚至還會縮小，最後只剩下尿尿的功能了。

所以如果你的硬度介於小黃瓜或帶皮香蕉之間，就 safe 啦！但如果硬度介於帶皮香蕉和剝皮香蕉之間，或甚至是蒟蒻的話，就需要去找專家諮詢囉！

懶得準備食材的話，最快最方便的自我檢測法就是：當陰莖勃起時，把單手掌心放在上端往下壓，如果壓下去之後，陰莖立馬拗折了，就表示硬度不夠，是進不了陰道的。

床邊悄悄話

性治療步驟大揭密

不了解性治療的人，會對專業性治療有很大的誤解，甚至以為是不是性治療師要親自下海示範？千萬別想太多啦！性治療可是非常專業的一門學問，一般療程大致可分成以下六個階段：

第 1 階段：性功能初步評估

很多男性在性事方面習慣吹噓，常見「穿著褲子說的和脫了褲子做的是

「兩回事」的情況發生，所以第一階段就是先突破男性的心房，了解一下他的性功能障礙究竟是什麼原因引起的。

第 2 階段：性溝通

溝通是讓男性先了解自己，到底是性功能真的有問題，還是心理有問題，或是兩者皆有問題。

第 3 階段：性知識教導

很多人其實沒有受過正確的性教育，大多是道聽塗說或是看 A 片得到的錯誤性知識，所以這個階段主要是要導正錯誤的性觀念並教導正確的性知識。

第 4 階段：性技巧指導

有些人沒有做愛的天分，需要後天的學習與訓練，這個階段就會提供一些性技巧方面的指導，像是這本書裡都有詳細教導大家如何手愛、口愛，以及按摩等等，可以好好學習運用。

第 5 階段：性姿勢指導

不要懷疑，即便結婚多年，真的還是有很多人不會做愛，不知道做愛到底是怎麼回事？甚至連最平常的男上女下傳教士姿勢都做不來，此時就需要專業的治療師來指導。

第 6 階段：治療後功能檢測

接受治療一段時間後，就得評估治療是否有用，例如，看看勃起功能是

否恢復正常，或是早洩問題是否改善等，一般來說，性治療的結果是以做愛可以達到至少十分鐘為基本要求。

通常性治療時會希望伴侶雙方都能一同前來接受指導，特別是性技巧和性姿勢方面，在性治療師的指引之下，由伴侶二人在著衣的狀態下進行做愛姿勢或角度的調整，或是了解做愛時會運動到的肌肉群及部位等等。做愛真的不是人人有天分，如果真的出現這方面的問題，千萬不要害羞，大方的尋求專業諮詢和幫助吧！

雖然我不是專業的性治療師，但有個小小見解是，男生的雞雞如果常常使用，加上擁有美好的性愛體驗，會比單身的時候尺寸再大一點喔，就像是肌肉會越練越強大，雞雞也是同樣的道理，都有成長和更硬的空間，所以男生們千萬不要輕易氣餒！

專業性治療案例分享

許多疑難雜症，其實都在專業性治療的範疇。以下兩個案例是由專業性治療師童嵩珍老師所提供，來看看大家在性方面會遇到什麼想都沒想過的難題呢？

案例一：害怕做愛的老公

有位來就診的男性，一直說他對老婆完全提不起性趣，但在諮詢過程中，卻會對性治療師出言輕佻或做出挑逗的動作，經過治療後才知道，因為他知道治療師不可能跟他發生性行為，所以才敢做挑逗的動作。但是，在治療時要他和老婆進行親密動作，卻完全硬不起來，就算只是要他試著把手指放進老婆的陰道也會發抖，這才發現原來他對做愛非常排斥甚至害怕，和他外表表現出來的完全不一樣，這種情形就是心理上的問題，需要接受性心理治療。

案例二：巨根無法進入

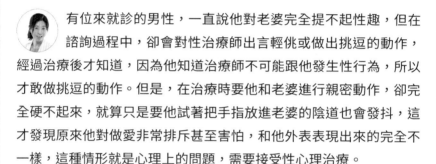
有位男性因為陰莖實在太粗，粗到用食指和大拇指都扣不住，偏偏老婆有陰道痙攣的問題，而且也沒有過性經驗，陰道本來就比較緊，一個這麼大，一個這麼小，男方的陰莖根本就進不去，試著想像一根擀麵棍要塞進一個小鼻孔裡，根本辦不到啊！由於每次進行性行為時，男生的陰莖只能在女生陰道口磨蹭卻進不去，久而久之，男生因為進不去加上心裡煩躁，陰莖漸漸變軟，就演變成有勃起功能障礙了。治療方式就是女方使用仿陰莖輔具，讓陰道慢慢適應，再調整到如同她老公的陰莖大小，進而真正接受老公陰莖的進入。

Q1 跟老婆感情很好，也很喜歡跟她滾床單，但這幾年做的時候都射不出來，做愛過程很舒服，老婆也很性感，但我就是射不出來，怎麼辦？

A：這可能是有勃起硬度不足或遲射的問題。所謂的遲射是指延遲射精，就是勃起硬度夠，但還是射不出來，這是性功能障礙的一種，而且比早洩、陽萎更難治療。成因有可能和現在年輕男性大部分都是看著A片打手槍，擼自己擼過頭了，不管女性的陰道再緊實，還是沒有辦法緊到像男性自己的手這麼緊，導致真正性交時無法射精。所以啊！在此呼籲年輕的男性朋友，沒事不要一直擼，因為你這樣擼擼擼，真的要自己擼一輩子喔！會擼到沒有女朋友啦！

Q2 有勃起障礙，吃藥好嗎？

A：藥物治療屬於侵入性治療，有吃藥有效，沒吃就沒效，但通常是越常吃越沒效。如果你是老年人，偶爾使用一下藥物助興無妨。但若你還年輕又太經常服用藥物，結果一定會越來越糟，怎麼吃也硬不起來。臨床上常見無法勃起的因素有 70 ～ 80% 是心理因素造成，而靠吃藥硬是達成生理性勃起，那就是拿錯鑰匙開錯了門，治標不治本，一定要先搞清楚你的勃起障礙是屬於生理還是心理問題，再來對症下藥。

Q3 我跟老公是婚後才有性行為，第一次開機時，他很快就射了，以為是緊張或不熟悉，但這幾年過去了，不但沒有變好，情況還越來越糟，我們都是彼此的第一次，都沒有經驗，但他好像不覺得

自己有問題，該如何暗示他去就醫呢？

A：其實在性愛過程中，男性的壓力一般會比女性還大，所以夫妻性生活出問題時，會建議夫妻一起來就醫，兩人都需要接受檢查，確認雙方是否都有障礙，釐清問題之後，再找出解決的辦法。而且夫妻兩人一同就醫，也能讓兩人共同面對問題及壓力，並且同心協力改善，也能促進雙方感情。

Q4 結婚五年，老公漸漸不想碰我，但又發現他常在偷看 A 片，是我沒魅力還是什麼原因呢？明明剛交往時幾乎照三餐來，為什麼現在會變成這樣？

A：首先要釐清兩人感情是否有狀況？溝通是否不足？如果不是感情溝通的問題，老實說，自慰對男生而言就像吃自助餐，而和女性發生性行為則像吃法式大餐。吃法式大餐要花時間，還要營造氣氛，不是天天能吃。有時候實在太忙了，但又有點餓，就吃自助餐自我安慰一下，其實也未嘗不可。所以女性不要覺得男性自慰就是不愛妳了，應該要去區分，是不是婚後兩人感情生變，還是他的性功能有問題，或是因為每天被柴米油鹽等瑣事煩心而失去性致……重要的是，不要互相猜忌，要溝通才能解決問題。

現代人接受性治療是再正常不過的事，有問題就該去尋求專家幫助，把握黃金治療期，千萬別害羞！夫妻一同面對性愛上的困境，找出解決之道，才能一起迎向性福美滿的人生。

潮吹大補帖，如何找 G 點，
讓女人噴水必殺技！

03

🔍 G點小學堂開課，快筆記！

➕ 諮詢專家：郭安妮醫師

看 A 片學做愛，以為女生一定要高潮到像噴泉一樣，才是一場圓滿的性愛；可是一直拖拖拖，為何總不見女生的愛水噴出來呢？男生硬是想弄到女生出水，可是卻不得其法，如此只會讓女伴不開心，想要讓她噴水更是癡心妄想。究竟要如何找到女生的 G 點、如何讓她達到高潮甚至潮吹呢？想了解 G 點的你，這篇一定要好好研究！

女生真的會潮吹嗎？

以臺灣的統計數字來看，大概有 70% 的女生在性愛過程中沒有過高潮經驗，男生們看到這個數字，是不是覺得人生好難啊！原來過往在床上的努力都是白做工嗎？別難過，先來了解一下，女生的高潮究竟是怎麼一回事。

什麼是潮吹？就是女生在性愛過程中受到刺激，因為興奮而產生陰道痙攣，然後釋放陰道組織的腺體，類似男生的射精，但並不像 A 片中那麼誇大，會噴出那麼多水。有些女生在性高潮時，除了陰道收縮，有時膀胱也會過度收縮，因而真的有可能會噴尿液，但不管是愛水還是尿水，基本上都是水，都代表此時女生正處於開心興奮的狀態。

和男生射完精後需要一段休息時間不同，女生高潮是屬於一波接一波的，接連著給她刺激的話，有些人可以連續高潮五到七次，甚至十幾次都有可能，這種體質也可以算是另類的人生勝利組啦！

如何知道另一半達到高潮了？

一般而言，當女生處於興奮狀態時，陰蒂和大小陰唇會開始充血、膨脹，陰道也會變得溼潤，當她再更興奮的時候，心跳會加速、呼吸也會變得急促，接著陰道會不自主的收縮，甚至有人也會有子宮收縮等等。關於高潮，每個女生可能都有不同的體驗，有些人覺得很像搭飛機時一下子升上高空的感覺，有些人會覺得很甜蜜，有些人在高

潮時，腳趾頭會捲起來，或是屁股會翹來翹去等等，各有各的體驗，這樣都可以說是達到高潮了。

男生最想修的性愛學分：G點小學堂

 要知道女生的敏感帶、高潮、G點、潮吹是怎麼回事，就得先了解女生私密處部位的構造。

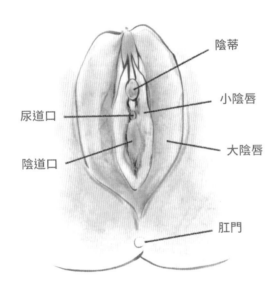

用「蜜桃成熟時」來形容女生達到興奮時的陰部狀況真的滿貼切的，前面提過，當女生性慾被點燃時，她的陰蒂和大小陰唇除了會充血膨脹之外，顏色看起來也會像蜜桃般紅潤，這時候就可以進攻她的G點了。G點在何處呢？就在陰道進去，上壁約三分之一處（上壁是靠近肚子的地方，下壁是靠近肛門的地方）。G點並不是一個點，而是一個廣泛的敏

感帶。簡單來說，女生的陰道長約七到八公分，大約是中指或食指的長度，而G點就在距離陰道口大約一個手指頭指節的長度，往上勾就是G點的區域，它並不是平滑的，應該有點皺褶，有點凹凸感就代表你摸對地方了。男生可以刺激這個地帶，你會發現女生興奮的情形越來越明顯。下面也提供幾個方法讓女生很快達到高潮，快試試看吧！

1. 先讓女性很放鬆：

在做愛前先講些甜言蜜語，幫她按摩，或是一起泡個澡，都是很好的放鬆法。

2. 進攻她的敏感帶：

在交往初期就可以先親遍女生全身，確認她的敏感帶在哪裡，在敏感帶加強刺激可以讓她更興奮。

3. 溫柔的交合運動：

等女生陰部溼潤後，就可以進行交合運動，享受抽插的快感。

看到這裡，可能有些男生已經不耐煩了。事實上，要讓女生興奮的確需要花點時間，不過，前戲做得越足，就越能讓女生快速達到高潮。但有些男生在前戲過程就已經凍嘸條了，所以建議潤滑油還是準備好，如果女生不夠溼的話，就用潤滑油吧，以免抽插過程磨破皮就不好了。

在性愛過程中釋放的腦內啡對女生而言有很多好處。像是釋放壓力、緩解疼痛、增加免疫力、降低心血管疾病風險等等。曾有統計顯示，一週做愛兩次，對增強免疫力有顯著的功效，但超過三次以上就太多了，反而會抑制免疫系統，所以愛愛次數還是要適量，切莫縱慾過度。

破解潮吹迷思

坊間流傳關於女性潮吹的傳說到底是真是假？A片裡的女優都會潮吹，如果沒潮吹好像就是沒有爽到，真的是這樣嗎？以下就來破解潮吹的迷思。

迷思 1. 做愛一定要讓女生達到潮吹才算及格？

這是錯誤的觀念，前面提過，有些女生甚至連高潮都沒有過，哪可能會潮吹？其實在性愛的過程中，只要雙方都開心，有滿足感就夠了，並沒有一定要潮吹才行。

迷思 2. 雞雞要夠長夠粗，才能讓女生潮吹？

答案也是否定的。女生大多屬於慢熱型，要讓她興奮，性技巧比陰莖的粗細長短更重要。所以男生一定要做足前戲，像是親吻撫摸女生全身的敏感帶，讓她熱起來，或是利用口愛和指愛來助興也可以。

迷思 3. 潮吹是不是要像 AV 女優一樣噴水才算？

並不是。雖然有些女生潮吹時的水狀體看起來似乎比較多，甚至是噴出來的，這有可能是因為極度興奮時膀胱收縮，造成尿尿合併愛水一起噴出，所以感覺像噴水池般，但這情形真的很少見，可別誤以為所有女生都該這樣。

迷思 4. 每個女人都會潮吹，沒潮吹是不夠爽？

錯！有些女生可能一輩子都沒有潮吹過，不管男生怎麼努力都沒用，但女生沒潮吹並不代表她不開心，有時親吻和擁抱就能讓女生心情愉悅，進而釋放腦內啡，在性愛過程中也會達到滿足感。

 男生在做愛時要溫柔對待另一半，不要再執著於女生到底有沒有潮吹了，也不要去追問她過去有沒有潮吹過，愛愛時兩人都開心才是最重要的。

我不會用高潮次數來決定男生在我心中排行榜的名次，而是和他在一起時的整個體驗，從一整天的約會氣氛開始，到上床後都在輕鬆愉快的情況下進展，那就是一場最棒的性愛了。

成為指尖上的武林高手，男人必學指愛技巧 3 招！

8H

🔍 男生每挖必錯排行榜

➕ 諮詢專家：童嵩珍老師

想擁有和日本 A 片天王加藤鷹一樣的金手指嗎？善用讓手指靈活的招數，讓你挑動到女生蜜水噴不停、滴水變噴泉都沒問題！幫女生指愛究竟要怎麼做才對呢？要讓女生爽男生又不用太累的方法，善用你的手指絕對是又快又有效的不二法門。

成為指尖上的武林高手，男人必學指愛技巧3招

要學會指愛，就得先搞清楚女生的陰道究竟在哪裡。很多清純的男孩即便看過A片，但實際上場時，還是不太清楚陰道口在哪裡，找法很簡單，就在女生陰部兩片陰唇下方再往上一點點的地方，這裡就是陰道口。提醒男生，手指要伸進陰道前一定要先塗一些潤滑油或是口水，讓手指的溼潤度比陰道還要再溼一些。

床邊悄悄話

口水其實是很好的天然潤滑油，有些人覺得口水很髒，會不會讓陰道發炎不舒服，這點倒不必特別擔心，因為陰道有一些自我保護機制，而口水本身也有防禦能力，所以一般來講是不太會造成影響的。

我有時候覺得，男生吐口水在掌心，然後抹在女生下面的動作，還滿性感的。

第1招：日式指愛技法

祖師爺就是大家耳熟能詳的金手指加藤鷹，主要技巧可分成以下幾個步驟：

STEP 1

先往下，讓手指進入陰道。

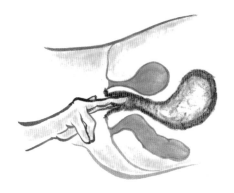

STEP 2

手指旋轉半圈往上。

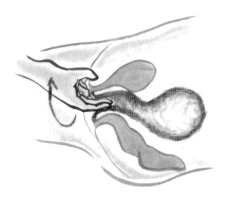

STEP 3

找出 G 點。

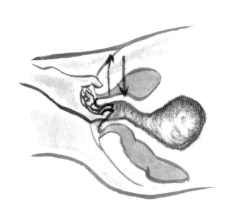

G點究竟在哪裡？其實沒有很深，就在手指伸進去約三分之一處（可以參考第117頁〈潮吹大補帖，如何找G點，讓女人噴水必殺技！〉），就要開始彎曲手指往上壓，並做壓按的動作。注意，千萬不要用摳的，女生的妹妹會很痛的，只要輕柔壓按就好了。

可以參考第117頁〈潮吹大補帖，如何找G點，讓女人噴水必殺技！〉

床邊悄悄話

找G點前先來了解一下女性的生理構造。女性的生理構造和男生比起來比較複雜，從側面來看分別是：膀胱、子宮、子宮頸、陰道、直腸。大致了解分布的位置，就不難找到G點了。

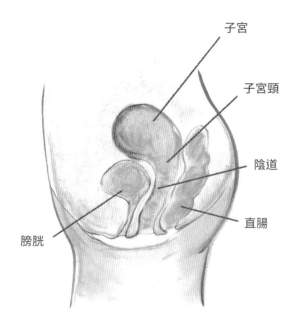

子宮

子宮頸

陰道

直腸

膀胱

不過日式指愛技巧對男生來說比較累，按壓個五到十分鐘，手可是會抽筋的。這時不妨試試相對輕鬆的美式指愛技法。

第 2 招：美式指愛技法

 此法男生可較省力，但女生爽度一樣破表。

STEP 1

將中指和無名指伸進陰道，但食指及小拇指不要彎曲卷縮，以免動作時，女生的會陰部被指關節撞到而疼痛。

STEP 2

接著做出 up and down 的動作，即上下拉抬，這個動作不會用到小指頭，而是以肘關節出力帶動手臂上下按弄。

STEP 3

用手掌心緊貼陰蒂處，同時按摩及摩擦。

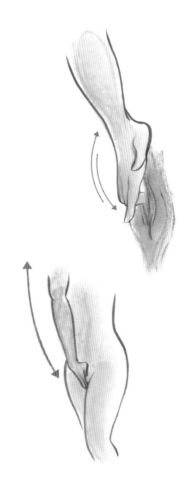

這種美式的指愛按摩方式，CP 值是比較高的，不但省力還能達到雙重刺激，很快就能讓女生欲仙欲死喔！

第 3 招：單指技法

 用大拇指在陰道口外圍畫圈按摩，另一手在陰蒂處同時按摩。有時不一定要將手指伸進去，在陰道外做按摩，一樣能讓女生達到升天的境界。想要省力的話，也可以使用一些輔助的情趣用品。或用嘴去吸吮陰蒂，大拇指同時在外圍按摩等等，運用你的創意，不需要花費很多力氣，就能讓女生高潮迭起。

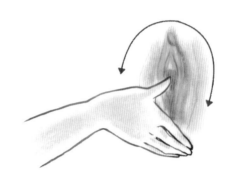

 分享一個我覺得男女雙方都能很享受的姿勢，就是：兩人側躺的側入式，同時使用震動式情趣用品按摩女生的陰蒂，男生抽插時也可以刺激到陰莖根部或是陰囊的囊袋，這樣兩人都可以同時享受到性愛的樂趣。

床邊悄悄話

男女都要知道的事

情慾始於大腦

有句話說：「性不是在兩腿之間，而是在兩耳之間，也就是我們的大腦。」和男性天生就對情慾很有感相比，大多數女生其實需要情慾開發。很多女生以為高潮來自下半身，大腦常常因為分心而沒有相對的愉悅感，反而一直想：「我下面怎麼沒有濕？怎麼沒反應？」然後越想越無感，所以要跟女生說的是，在性事上一定要先放鬆心情去享受，如果太緊繃，不管男生指愛技巧再高明，女生還是無法達到高潮的。

女生如何克服想射液的羞恥感

當男生用手指按壓女生 G 點，或是男生陰莖過大時，因為壓迫到女生膀胱會使她產生尿意感，其實這並不是尿意，而是女生想要射液的反應，但很多女生無法突破心裡那道牆，不敢在男生面前有射液的反應。為了讓女生放下羞恥感，不妨在床上墊個毛巾或防水的保潔墊，讓她可以在安心的狀況下放任水流出來。

⊕ 床邊悄悄話

什麼是 C 點？和 G 點如何區分呢？ C 點其實就是陰蒂，而 G 點如前面所提，在陰道外上三分之一。很多人不知道的是，其實陰道裡面的摩擦感和壓力感所帶來的爽度都沒有陰蒂多，所以最棒的性愛技巧是，一邊按摩陰蒂，一邊在陰道抽插，如此可以達到雙重高潮的極致快感。通常陰道的高潮又深又長，而外陰部的高潮則是短頻快，所以雙管齊下的話，肯定能令女生直接衝上性高潮的最頂點。

很多男生都被Ａ片誤導，以為金手指一伸進去女生陰道裡一兩分鐘，馬上就可以讓女生潮吹噴到整個床單都溼，這實在太誇張了！有很多似是而非的觀念必須先糾正，以下列出男生常犯的「每挖必錯排行榜」，請男生在進行指愛之前，一定要先了解，千萬不要犯了這九大錯誤，免得無法助興，還讓女生敗興，甚至不小心傷到女生的妹妹就更糟了！

每挖必錯排行榜

1. 追求速度感

很多人一把手指伸進去，以為就是要咻咻咻的快速抽插，殊不知，等到女生快要達到高潮時，男生的手指早就累到快抽筋了，所以多半功虧一簣前功盡棄。其實指愛最重要的是感覺，手指伸進去之後要慢慢的挖，而不是求速度，感覺舒不舒服才是你要關注的焦點。

還有人以為，是否一分鐘固定挖幾下才算挖對？這也是想太多，男生要知道自己是否做對，最重要的就是觀察女生的反應。當女生開始覺得爽的時候，會不自覺的發出呻吟聲，當她的聲音越來越大聲或是開始嬌喘時，就可以確定你，挖·對·了！但也不要因為挖對了就加快手指的速度，還是要配合女生下體分泌的水分而定，若還不夠溼潤就快速抽插，反而會造成女生的痛感。

2. 挖個兩下就能達到高潮

這根本就是錯誤的觀念！所以一定要再次澄清，沒有這回事，速度不是

重點，「感覺」才是！

3. 以為挖錯部位而著急

有些男生才挖個兩三分鐘，看女生沒反應就心慌，以為自己挖錯部位，然後就開始亂摳，反而讓女生不舒服。這時候千萬不要心急，有些女生可能反應沒麼快，必須持續個五到十分鐘才會慢慢有感覺，男生不要過於擔心，放下速度，慢慢來就對了，尤其要多注意的，是兩人之間情慾的流動。

4. 只會直直的抽插

很多男生把手指伸入陰道後，就開始直來直往的抽插，這也是錯誤的。其實手指進入陰道後，稍微彎曲上勾的去挖，反而會讓女生更開心喔！

5. 沒有溼就直接進入

指愛最重要的，就是陰道的溼潤度夠不夠，如果還不夠溼，就要使用潤滑油來輔助。

6. 指甲沒有修乾淨

這點關乎個人的衛生習慣，男生一定要經常修剪指甲並清理汙垢，否則不但會把細菌帶入女生的陰道裡，還有可能不小心摳傷陰道，造成發炎感染，不可不慎。

7. 手指伸進去越多根越好

正常而言，伸進一至兩根手指就夠了，千萬不要有那種越粗越好的迷思，

就像有些男生誤以為陰莖越粗，成就感越大一樣，這絕對是錯誤的觀念。

8. 越大力越好

這實在是令人匪夷所思的想法，還有人一伸進去就用力猛塞，實在太可怕了，在此提醒男生們，請溫柔的對待女生，不要以為只有「猛」才能表現男子氣概。

9. 女性高潮就繼續挖

一般來說，女生的高潮是慢慢上去的，當她有反應時，可以先稍微緩一下，接著再慢慢挑逗上去，再讓她緩一緩，如此反覆幾次，可以讓女生的爽感持續下去，然後漸漸達到高潮。如果一下子衝太快，她都已經說 stop 了，你還一直來，反而會讓她不舒服。

在性學大師金賽的研究報告裡提到，女生一次性行為裡，平均可以達到四十七次高潮，如果男生懂得拿捏快慢之間的藝術，絕對可以讓你深愛的女人達到極致的性福。舉例來說，當女生稍稍爽完後，換她來服務你，讓她的妹妹和你的手指都可以休息一下，接著，男生再繼續用指愛的方式，繼續你的未竟之業。

專業治療師傳授，
舔鮑祕技大公開！

85

🔍 不用雞雞一樣能讓女伴顫抖高潮的方法

➕ 諮詢專家：童嵩珍老師

不少人以為「口愛就像狗喝水」，甚至有人在交友軟體的自介欄寫：「專長狗喝水。」這真是個天大的誤會，口愛可不像狗喝水這麼簡單，要舔對位置舔對方法，對方才會爽。究竟要怎麼舔才對？怎樣才可以不用到雞雞，一樣能讓女生達到性高潮？男生最想知道的舔鮑祕技，不藏私大公開！

口愛不害羞

抗拒另一半替她口愛的女生，可能怕自己下面有異味，另一方面則是因為害羞，因為腿一打開，就會讓對方一覽無遺，的確需要一點勇氣去克服這些心理障礙。不過，口愛確實是雙人性愛中非常重要的前戲，也是增進情趣的好方法，女生們不妨放開心胸，好好享受這樣的甜蜜滋味。

想要調整心態有個方法可以試試，就是讓對方試著畫出妳的陰部，或是自己畫出自己的陰部，透過被畫或自畫來了解身體構造，藉此讓心態回歸正常。就像有些女生不敢穿比基尼，是因為她平常不習慣和自己的裸體對話，所以才會害羞，只要能突破這些，就沒有什麼好怕的啦！

先找到女生最敏感的地方：陰蒂

有些男生誤以為，女生的尿道口和陰道口是同一個口，這就是小時候健康教育沒學好的後果，所以今天我們要帶男生好好認識女性的私密處！（可以搭配第 119 頁的插圖更清楚）

女生最敏感的地方是陰蒂，因為陰蒂上面覆蓋一層包皮，如果你沒有把包皮先推開，那麼不管怎麼弄，其實都是沒有感覺的。所以男生進行口愛時，可以把手放在女生的陰毛上方（即陰阜上方）稍微往上拉，推上來以後，就會看到一顆小小的豆豆，那就是女生最敏感的

地方——陰蒂。陰蒂下方分別是尿道口和陰道口，外側會有兩片小陰唇，小陰唇外側有長毛的部位則是大陰唇。

口愛的 O・A・Z 技巧

口愛技巧要發揮到淋漓盡致，關鍵在舌頭的靈活度，而靈活度就在於把舌頭放軟。這邊先教大家把舌頭放軟的技巧，想想看，當我們講話講太久，很容易吃螺絲時，是不是會用彈唇（或叫彈舌）這個動作，讓舌頭放鬆下來，做起來很像洩氣的氣球一樣，將氣往外吐，練習一陣子後，舌頭放軟了，接著就可以開始口愛囉！

口愛技巧 1：在女生陰部上方（陰蒂周圍）做 O 型環繞式的輕吮
首先用柔軟的嘴唇親吻陰部上方，做 O 型環繞式的輕吮。

口愛技巧 2：以 A 字型在陰唇兩側來回游移
接著以 A 字型的畫法，在陰唇兩側來回輕輕舐吮，要注意的是，這時還不要去碰到女生的陰蒂，因為對有些女生來說，一開始就攻入陰蒂實在太刺激了，她反而會抗拒，不想讓你繼續下去。

口愛技巧 3：從上到下，左右來回移動，挑逗陰部
接著開始由上而下，以 Z 字型左右來回移動，輕吮陰部，將嘴唇從外側的大陰唇開始向內側滑動。

以上為第一次進攻，接著可以進行第二次進攻。簡單分為下面兩個步驟：

STEP 1 將嘴唇從外向內慢慢滑動。

STEP 2 將舌頭由下往上舔到整個陰部。

 要特別提醒男生，在幫女生口愛時，盡量放慢速度，動作也不要太粗魯，把握「欲擒故縱」的原則。一開始都先不要去刺激陰蒂，讓女生覺得你好像快要舔到敏感點了，但又還沒有，反覆幾次，女生就會越來越興奮喔！

口愛進階版技巧

 當女生開始發出呻吟聲或呼吸漸漸急促時，就可以確定她被你口愛得很舒服，接著就可以使出進階招數，口手並用啦！

STEP 1 用大拇指在陰道口周圍做繞圈按摩。

STEP 2 舌頭同時在陰蒂做舔動按摩，雙管齊下。

當女生對口愛的接受程度慢慢提高後，可以再親到她的肛門口。進行肛門口愛之前，一定要先把肛門周圍與內部清洗乾淨，尤其是肛門內部的黏膜也要清洗掉，也可以順便修整肛門附近的陰毛。

還有要特別注意的是，請不要在親吻完肛門之後再親回陰部，這樣很容易造成女性尿道和陰道的感染，這點請切記！

為什麼女生被舔肛門會很爽？因為肛門附近布滿約有八千條的神經，尤其是肛門黏膜，被刺激會非常舒服，如果同時刺激陰蒂和肛門，更會讓女生非常非常爽！

如果從女性的背後進攻時，手沾一點口水去刺激女性的肛門周遭，那一瞬間的觸感，會讓女生達到瀕臨升天的快感！

口愛的 NG 行為

NG 行為 1：咬的動作會讓女生不舒服

很多男生看A片，以為女生喜歡被咬，這是錯誤的，非但無法讓女生興奮，反而會很不舒服。

NG 行為 2：在女生下體亂吐口水

有些男生會吐口水把女生陰部弄得溼溼的，或是掃蕩式的亂舔，把陰部弄得都是口水，這會讓女生覺得很噁心，感覺下面整個黏黏的，非常不開心。

NG 行為 3：用舌頭在下體到處亂頂

有人喜歡像啄木鳥一樣，用舌頭到處亂頂女生陰部，看起來好像頂得很激情，但其實頂錯位置根本沒感覺，還浪費力氣白做工。

NG 行為 4：用不正確的指愛亂摳

當男生口手並用時，有時會忍不住把手指伸進陰道亂摳，這樣會讓女生很不舒服，就算你前面讓她稍微覺得有點爽感了，但只要有一丁點不舒服，所有的感覺都會集中在不舒服的地方，一樣讓你前功盡棄。

NG 行為 5：邊舔邊問

男生真的不需要在口愛時，邊舔邊問：「這樣舒服嗎？這樣爽嗎？」因為女生的肢體語言就會告訴你，她舒不舒服！爽不爽！真的不必一直問，這只會代表你沒有自信，也會讓女生很想翻白眼！

床邊悄悄話 對女生下體吹氣不如用哈氣的。因為吹氣是吹出涼氣，但哈氣哈出的則是暖氣，所以可以在口愛時，對女生做個哈氣的動作，很可能會發現她的蜜水不自覺就流出來了喔！

超爽口愛姿勢 5 招

第 1 式：正面體位
男生跪趴在女生雙腿間。

第 2 式：背後體位
女生向前彎，男生從女生的背後動作。

第 3 式：坐式體位

男生坐著，女生站著並將一隻腳勾放在男生的肩膀上。

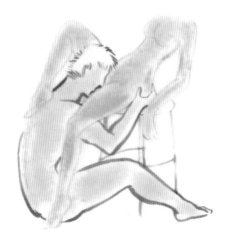

第 4 式：69 式體位

可以一人在上，一人在下，互相幫彼此口愛。

第 5 式：倒立體位

這個動作很高難度，女生要練過瑜伽之類的才能做的體位。男生坐著，
女生呈倒立式，可以的話，把雙腳打開呈 T 字型。

在進行口愛之前，有些地方女生們可以先留意。首先，就是
要定期修整陰毛，其實修整陰毛就像修剪頭髮一樣，是很正
常的事，對另一半也是一種禮貌，不然當另一半看到妳下面那一團雜
亂的毛，可能當場性趣盡失喔。

再來，就是要好好清潔陰部，不必特別買陰部專用洗劑，用清水清洗乾
淨就可以了，至於內陰部，可以用手指伸進陰道裡，以搔刮的方式把陰
道裡的一些分泌物清出來，以清水重複清洗幾次即可。

課後練習：舔哈密瓜

 除了前面提到的彈脣之外，練習舔哈密瓜也是訓練舌頭的好方法，不管男生女生都可以練習看看。

練習方法：用舌頭將哈密瓜的籽舔出來，但不能破壞果膜。

練習目的：訓練舌頭的靈活度及柔軟度。

⊕ 床邊悄悄話

 想要有一場舒服的陰部口愛，就要先準備好：開放的心態、溫柔的呼氣、輕柔的舌頭技法，以及耐心的溝通。看完本書，祝福大家都能練出神技，互相讓對方不必性交就能達到高潮！

女生最愛體位大調查 Top3

86

🔍 這些姿勢讓她爽到不要不要的！

＋ 諮詢專家：朱瓊茹老師

大家都喜歡用什麼姿勢做愛呢？做愛的姿勢千奇百種，有些很傳統，有些像在表演特技，但重點是兩人都要爽到才是好體位。《深夜保健室》曾經做過一個街訪，訪問許多時下年輕男女，他們喜歡什麼樣的性愛體位？而最受女生歡迎的前三大體位又是哪些呢？一起來看看吧！

愛愛最喜歡哪個姿勢？

 以下 10 種性愛體位，
你最喜歡哪一種？

① 女上位式

② 反向女上位式

③傳教士式

④側入式

⑤69式

⑥ 背後站立式　　　⑦ 火車便當式　　　⑧ 站立式

⑨ 老漢推車式　　　　⑩ 狗狗式

街訪結果發現，個性比較保守的女孩通常選擇傳教士式，喜歡刺激的女孩多半喜歡狗狗式，而喜歡掌控主導的女性則會選擇女上位。至於男生呢？意外的是，很多男生也喜歡女上位，因為覺得躺著不用動比較舒服，而且視覺效果很好，也有很多男生選背後站立式，理由也是比較輕鬆。

有家保險套公司曾經針對一九八一到二〇〇〇年出生的年輕人做「性愛體位喜好排行榜」調查，排名前三名的體位分別如下：

第 3 名：狗狗式

男生喜歡的原因是：爽度高，視覺享受滿分，可以看到女性豐滿的翹臀及細腰，充滿駕馭感，可以滿足男性的征服慾。
女生喜歡的原因則是：爽度高，喜歡男生的手可以碰到自己身體其他部位，像是揉胸捧奶、拍打屁屁，或是握著腰、撫摸背等等，能讓女生有被愛的感覺。由於狗狗式如此受青睞，因此也開發出許多延伸的體位。

●狗狗式延伸體位①：跪姿

為什麼這個姿勢女生會覺得很爽呢？主要是因為女生採跪姿時，陰道的角度是比較小的，所以陰莖進入陰道的刺激感及摩擦度也會比較大。採取這個體位時，女生往前趴下跪著，一開始可以把雙腳打開，讓男生比較好進入，在男生抽插的過程中，女生再把雙腳合起來，而男生則把雙腳打開，包圍住女生的身體，讓女生雙腿在內側，這樣男生插入的感覺也會更充實飽滿。

● 狗狗式延伸體位②：SEVEN 式

這個姿勢是女生趴在沙發、床上或桌子上，因為有些高度，可以讓她的雙腳站立，身體往前趴，呈現數字 7 的形狀。男生則站在她背後做抽插動作，這個動作男生可以很省力又不累。女生的雙腳也是可以打開，再慢慢夾緊或是交叉，讓男生插入時一樣感覺很緊。

● 狗狗式延伸體位③：睡背式

這個體位對女生來說，是最輕鬆的姿勢，女生面朝下趴著，底下可以墊個枕頭，這樣趴著比較舒服，男生則趴在女生上方，自行喬角度進行抽插，當男生在動作時，女生可以用手愛撫自己的陰蒂，同時享受雙重高潮。

第 2 名：傳教士式

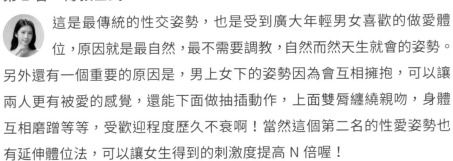

這是最傳統的性交姿勢，也是受到廣大年輕男女喜歡的做愛體位，原因就是最自然，最不需要調教，自然而然天生就會的姿勢。另外還有一個重要的原因是，男上女下的姿勢因為會互相擁抱，可以讓兩人更有被愛的感覺，還能下面做抽插動作，上面雙唇纏繞親吻，身體互相磨蹭等等，受歡迎程度歷久不衰啊！當然這個第二名的性愛姿勢也有延伸體位法，可以讓女生得到的刺激度提高 N 倍喔！

● 傳教士式延伸體位：CAT 式

女生面朝上躺著，身體下方可以墊個枕頭，雙腳打開以便男生進入。男生趴在女生上方，由於有一點角度的關係，所以男生的恥骨跟女生的私密處會比較密合，接著男生要注意喔，CAT 式主要是採上下滑動

的方式，而不是上下抽動，因為上下抽插女生比較沒感覺，用上下滑動的方式，比較能磨蹭到女生的陰蒂，因為女生通常比較有感覺的是陰蒂高潮。說實話，女生要達到陰道高潮真的比較難一點。

這個體位法，男生的動作要輕柔一點，不要太用力，因為骨頭可能會有點摩擦，太用力的話會痛，建議採用這個體位法時，可以配合使用潤滑油，不然乾乾的磨擦很容易磨破皮。還有很重要的一點是，男生一開始一定要慢慢來不能快，等女生有感覺的時候再加快速度，就能讓女生達到高潮囉！

第 1 名：女上位式

在我們街訪調查時，幾乎九成的男生都喜歡這個體位，為什麼男生特別愛這個姿勢呢？最主要的原因當然是輕鬆躺著不用動啦！雖然對男生而言不必費力，但卻有一個潛在的風險就是，如果女生在上位搖動的時候力道沒有控制好，有可能會造成男生陰莖骨折。所以建議在上面的女生還是以磨蹭陰蒂為主，輕輕滑動即可，以免太過激情時發生不幸！

為了避免男生的雞雞在過於激烈的運動中受傷，也可以採用以下幾個延伸體位。

● 女上位式延伸體位：面對面式

當女生跨坐在男生身體時，男生也坐起來，兩人採面對面方式性交，這個方式有個很文雅的名稱叫「觀音坐蓮」，這時候男生也不需要

出力，讓女生自己去動作就好，藉由肉體上的磨蹭可以加強彼此的興奮度。男生也可以吸吮女生的胸部或接吻，增加親密度及快感。

最不喜歡的愛愛姿勢

根據「相性幸福健康管理中心」的調查，除了難度很高又很費力的火車便當式和老漢推車式之外，還有以下兩種最不受歡迎的性愛體位：

第 2 名：69 式

大家最不喜歡的性愛體位第二名是 69 式，因為有將近五成的女性不喜歡被口交，基於個性較保守，或是怕私密處分泌物有味道等等，大部分女生都會拒絕採用這樣的姿勢。另外，有時因為兩人的身高落差太大，這個動作執行起來確實有難度，加上口忙手忙容易分心，反而無法專心享受性愛的快感。

●69 式改良版：側入式

不過，69 式帶給兩人的親密度還是相當高的，可以採用改良版的側入式，也就是從一上一下，改成兩人側躺的側入式，這樣的姿勢真的比較好「就口」。

第 1 名：肛交

根據調查，大概有七成以上的女生不願意肛交，而男性則有高達八九成不願意被肛交。其實男生有一種高潮的路徑是藏在肛門裡的，叫

做「前列腺高潮」（請參考第 102 頁）。所以有些級數特高的玩家，會去買玻璃材質的假陰莖，當男生在女生陰道裡抽插時，女生就把假陰莖插入男生的肛門內，刺激他的前列腺以達到高潮。不過，願意被肛的男性真的很少，要這樣玩真的要先溝通好才行。

另外，因為肛門是排泄器官，很多人會覺得肛交很不衛生，但如果做愛之前先清洗乾淨，還是可以嘗試一下玩得「肛肛好」。切記，一定要先塗潤滑油，比較不容易乾掉喔！

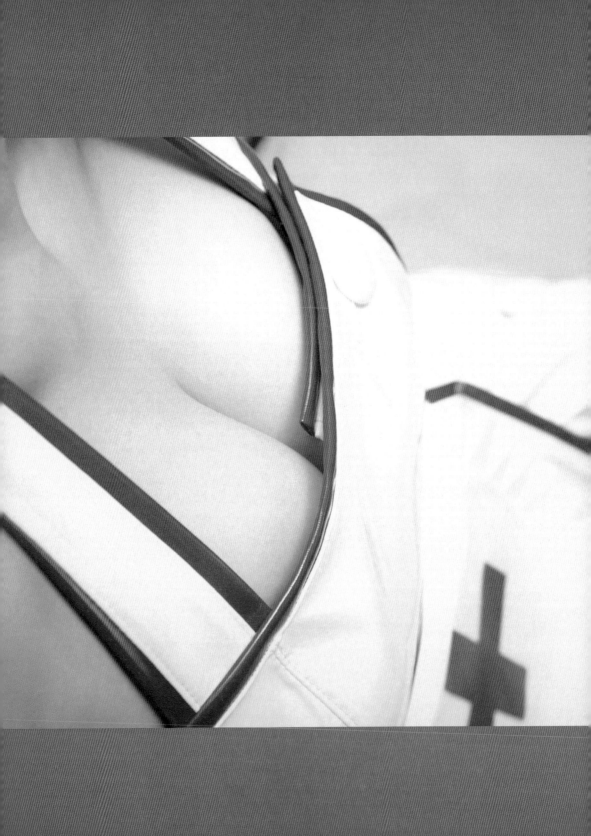

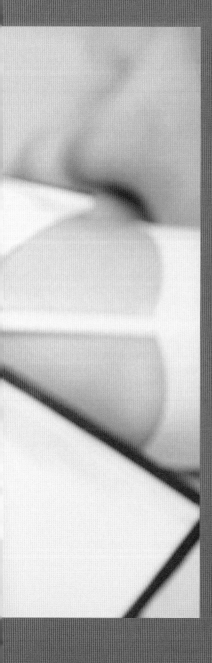

Part 3

番外大解密！
深夜保健室幕後祕辛

鏡頭背後沒說的這些故事，才是支撐整個節目的核心價值

畫龍點睛的靈魂，主持人鄭家純專訪

一向給人抗壓性夠強，不畏懼他人眼光的鄭家純，秉持著性不骯髒、不羞恥，要傳達正確的性知識，不僅打響了《深夜保健室》的招牌，也讓節目內容融合出前所未見的獨特風格，但她說螢光幕前的生動有趣，更需要許許多多不為人稱道的努力造就。

為了守護世界的和平

我對性的初次認識和平常人沒有什麼不同，就像男孩看著成人片長大，親暱的稱呼自己喜愛的女優「老師」，我也和一般女孩一樣，都是透過男男戀漫畫和總裁系列羅曼史，就此發現了神祕的新大陸。

印象中，從來沒有人正式教過我跟性有關的知識，引領我進入腐女門的姐姐們，現在回想起來其實也對性一知半解，我們半斤八兩，像是挑逗、體位、戀人之間的愛與互動等，都是從虛構中建構對現實的認知。

若真要說到最早親身接觸到性的經歷，在我小時候曾有一隻非常喜歡的海豚造型玩偶，某天像平常一樣抱著它睡覺時，突然從下體傳來一種奇妙的感覺。後來我是上網查了才知道，原來這回事就是女性自慰。重點是，這大概發生在我小學四年級的時候，所以網路上有流傳過一句話我覺得很對：「不要嫌性教育太早！因為壞人永遠不會嫌你的孩子太小！」

在前頭的序，我提到了一個初夜後被霸凌的新聞事件，也是因為青少年的性知識不足以及性觀念不正確。我驚覺到從我小時候認識性的方式到現在，即使過了這麼多年，現代人對性的啟蒙好像還停留在自己開天闢地、非常落後的拓荒時期。

為後來的人鋪好康莊大道

「是你男朋友的陰毛嗎？」十五歲的我因為陰部發炎而赴婦產科就醫，男醫師建議用窺陰鏡，也就是俗稱的鴨嘴作檢查，卻在發現陰道裡有根陰毛後這樣對我說。當下我只覺得怪怪的，心裡很不舒服，卻也不知道該如何回應，就是一直耿耿於懷，等到長大後才意識到，這句話探問我的私人感情狀況絲毫與醫療診斷無關，就是性騷擾而已。

不只女孩，也有許多男孩在成長的過程中，因為和當時的我一樣知識量不夠，遇到很多狀況來不及反應，也不懂得自我保護，成年後才解開心裡的結。新聞事件裡更時常聽到比當時的我還要年幼的孩子被侵害，他們當然不能察覺到自己其實不該被這種可怕的事對待，就是默默忍受，任由那段被宰制的過程在心裡變成怪物，有的甚至繼續複製給更稚小無

力的對象……所以我有個期許，就是希望透過這個節目、這本書讓每個人都對「性」有更深的認識，能夠傳遞正確的性觀念，進而懂得保護自己。

在我的成長經驗中，曾耳聞許多女同學的第一次都在莫名其妙下就發生了，然後一而再、再而三沒有任何準備，結果就是不小心懷孕。

一夜之間，就從還是爸媽的孩子變成孩子的爸媽，青少年在小小年紀如何承受如此大的心理和經濟壓力？無法養育腹中胎兒，不是找密醫人工流產，就是生產後任意遺棄或暴力對待等，造成一連串社會悲劇，也為未來大好的人生留下了不可抹滅的遺憾與陰影。

我相信透過足夠的性知識及生命教育，當女孩都懂得保護自己，男孩也懂得尊重女孩，就能夠減少諸如此類的憾事。

If Not Me, Then Who?
If Not Now, Then When?

難道我們的政府、教育體制、司法單位沒有提出性剝削、騷擾事件的解決辦法嗎？當然有，只是我覺得單單依賴公家單位的力量是不夠的，因為社會問題是屬於社會裡每一個人的，責任也是，要從源頭改善就需要好幾座火車頭同時帶頭拉，指引提醒落後的人去思考、尊重身體自主權。

也因此作為一個意見領袖，要挺身而出製作與性有關的節目肯定先被各種有色眼鏡掃射，抗壓性不夠真的做不下去，必須感謝幕前幕後的專業夥伴以及觀眾的鼓勵與支持。

某一次節目的主題「性成癮症」，指的是當性衝動已經嚴重影響到日常起居和人際關係，成為一種生活障礙時，即可視為病症，必須求助醫療專業。我和童嵩珍老師在談論的當下，忽然閃過一個念頭，使命感油然而生。

「很多人沒有病識感，不覺得自己需要幫助，因此當他無法解決自己的性衝動時，就可能走向犯罪一途。我們正在做的這個節目，看的人若能因此意識到自己可能生病了，在症狀還很輕微的時候及時就醫，說不定就預先阻止一件悲劇發生，那可勝過千千萬萬的事後彌補。」

你不是孤獨一人，而是我們一起成長

當然我自己也透過這個節目學到了許多，才發現很多事情不如想像中的單純，例如一直備受爭議的「性專區合法化」，我想大部分人和我一樣都認為性產業的經營者應該舉雙手贊成吧！畢竟如果可以合法，誰會想要犯法？結果恰恰相反，背後各有各的盤算與利益考量。

再舉個例子，大概是受 BL 漫畫影響，起初我誤以為 BDSM 的同好者多半是同志族群，事實上並不然，深諳此道者反倒以異性戀男性居多，而且 BDSM 的學問——綁縛與調教、支配與臣服、施虐與受虐，存在更多

深層的心理意義，並不單是性癖好而已。性學世界之深廣，要是有人宣稱自己已經懂得夠多，肯定還有更多等著發掘的地方。

這些以往可能沒人去注意或者像我一樣有所誤解，藉由《深夜保健室》，將隱藏版社會現象攤在陽光下公開討論，雖然關於性，仍然有著許多難解或無解的問題，無法一時半刻或三言兩語就有所改善，但有討論總比發不出聲音好，或許充耳不聞或是各說各話，才是造成刻板印象與歧視的原因之一。

合作才是我們的目的

也可以說，當我們在談性其實就是在談論性的平權，如何讓主流者不帶偏見、少數者不被差別對待。很多人誤解平權就是仇男，尤其是針對異性戀男性，但並非如此，我們始終談論的都是如何合作這件事。

比如說「深夜保健室性愛大師養成班：金手指工作坊」的課後分享，我就告訴男性學員：「女生的陰道並非生來就是提供給男生把手指伸進去的，不要急著把手指伸進去，你想想看，如果你的屁眼突然就有兩根手指插進去，你不會嚇死才怪！在進入之前能夠多用點心調情，給予更安全的心理準備，如此上陣時才能真正引發她的高潮。」

我講這些話的用意不是為了要打擊男性，而是希望更多男性能站在另一半的角度思考、尊重身體自主權，而不是性致一來就低頭苦幹，滿足了自己的慾望，卻沒有顧及對方的生、心理需求，不知道對方只是被迫配

合演出。因為男性確實具有力氣上以及社經地位的優勢，也因此更需要具備換位思考的能力。

Not All Men But Why Always Men

這幾年從國外發起的 #MeToo 運動，許多政商名流、有女有男紛紛挺身而出，揭露自己曾被性騷擾甚或侵犯的事件。新聞一出震驚眾人，因為被點名的很多都是公眾形象良好的男性，完全無法想像私下行為竟然如此不堪。

尤其在職場上遇到這種事情時，真的會覺得求助無門，很多人會說遇到這種事就應該勇敢反抗或是明白的拒絕，但這可能僅限於受害者有一定的社經地位並有足夠的話語權才會獲得關注和重視。因此就連那些好萊塢國際巨星，當年也只能這樣默默吞下去。

特別是女性，年輕、沒有什麼社會歷練或權勢，不僅生怕丟了工作，沒辦法在這行繼續待下去，像上述這些對受害者的責難或者蕩婦羞辱更是會鋪天蓋地的襲來。

某回我看到某個節目男性來賓吃女主持人豆腐，但網路上的評論卻令我感到不可思議，也真的有種失落感，社會就是存在這樣的加害者集團，占盡一切便宜，然後做錯事居然還有人幫他說話。

所以，當有越來越多的人，尤其是男性朋友連對自己最親近的伴侶都能

尊重彼此的身體自主權，那麼他面對其他人就更能轉換同理心。屆時，我相信性騷擾事件一定會減少，直到完全被杜絕。這也是我期許《深夜保健室》這個節目能為社會發揮的最大正面效應。

人生苦短，不要將就

我曾經交往過一個男生，每次做愛，我都幾乎是沒什麼感覺的「把戲演完」。直到某次有位女性長輩跟我聊到：「大家都覺得白頭偕老是件很浪漫的事情，那是因為人類現在最多只能活一百年，但是如果未來人類可以活五百年，妳還覺得這是件浪漫的事情嗎？應該是恐怖小說吧？」

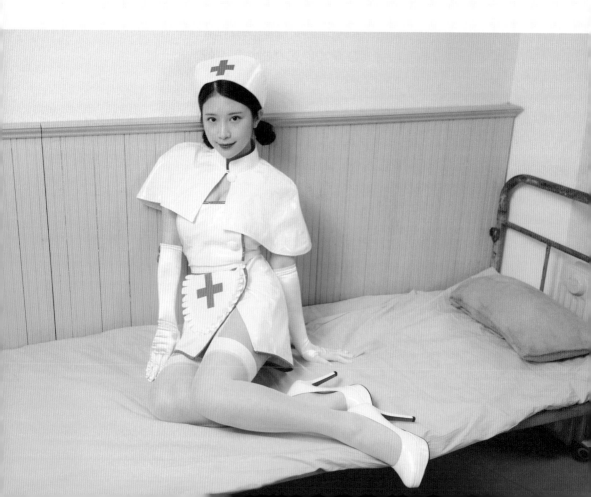

聽到這段話我恍然大悟，真理瞬時連成一線，人生苦短，何必忍耐，該斷就斷！於是沒多久就分手了，後來交往的男生只要讓我覺得沒感覺，我就會在做愛的過程中把他推開，絕對不會委屈自己配合對方繼續。當時的我其實還不懂這就叫做情慾自主，只是感覺不對就不想勉強自己。

雖然有人覺得從一而終很美，但沒有試過其他的，又怎麼知道誰才是對的那個人呢？我一直都很鼓勵身邊的朋友多和不同類型的人交往看看，即使最後仍不知道自己真正想要的是什麼，但至少知道什麼是自己不要的。不論是面對性或愛，一定要先充分了解自己，好好聽從自己內心的聲音，回應內心的需求。

單槍匹馬走得快，性愛合一才走得遠

兩個人在一起不是為了對立，而是對話。我覺得性愛關係要圓滿，尺寸、硬度那些都是其次，最重要的還是溝通，但這也是最難的。有人可以大聲跟他人談論性事，渾然不覺是性騷擾，但一遇到親密對象卻又害羞，不敢主動，也不知道要如何開啟這個話題。

我建議有兩個最佳的時間點，一是賽後檢討，在兩人共赴雲雨，還處於有點迷濛的階段，先稱讚喜歡對方哪裡做得很好，再趁機討教、建議彼此可以改進的空間。另外，則是伴侶一起收看《深夜保健室》，一同增進性技巧，一同交換想法，這才是讓性事更美好的溝通！

在我主持《深夜保健室》期間最常被問到：為什麼這麼用心，該做都做

了，伴侶還是沒有潮吹？其實潮吹這件事不是你想要就有的，要天時地利人和，而且女人很難真的在男人面前大解放，即使她真的有潮吹，也不見得想被你看到，甚至也有完事後，自己到浴室沖洗時才會讓它發生，所以一味追求女性潮吹的男性，更像只是在解鎖自己的成就，重點應該要擺在兩人在性方面都感到滿足。

在過往的性關係中，我確實曾有過潮吹的經驗，這種如夢似幻的高潮體驗通常伴隨著愛情。我個人覺得最高超的性技巧，並不是對方特別厲害或性能力超強，而是當彼此很信任且深愛著對方時，就特別容易達到性高潮。因此我會說，靈肉結合的力量才是最強大的，是高潮不可切割的一部分，性愛合一才能長長久久。

有個笑話說平常因為立場不同、爭論不休的各派人士，只要一到了成人論壇就立刻變成一團和氣。《深夜保健室》的這句口號「世界和平靠房事」乍聽之下好像很誇大，但絕非不可能，如果每個成人都能擁有美滿的性生活，這世界的暴戾之氣一定會減少很多，所以我會繼續努力推廣正確的性知識，把路鋪好，讓所有人都能找到安身立命的位置！

18

一起探索
浩瀚廣大的性學宇宙

強大的執行力，幕後製作團隊專訪

《深夜保健室》可說是打開性學這道神祕之門的先驅者，自從線上開播以來，網友們的討論度及關注度日益增高，不僅引爆許多網路話題，也引領了網路節目的新風潮，關於「性」的各種節目更是如雨後春筍般紛紛冒出來，大家以更開放的態度來討論性事。而來自各方的回饋更令我們製作團隊感到驚訝。原本一開始只是想嘗試沒人做過的節目題材，沒想到後續的效應如此之大，確實是我們始料未及的，也因此自我期許，必須更用心認真的製作節目，希望能為社會帶來正面的影響。

然而，包括主持人家純和我們，真的都是在參與了這個節目之後，才發現「性學」真的是一門深不可測的學問，如同家純所形容的：「性學真的是一個廣大浩瀚的宇宙，我們這艘『深夜保健室探險號』太空船，在專業醫師及各領域專家老師們的帶領下，在許多不同的小行星降落，獲得各式各樣豐富的性學知識，然後再將這些知識傳回地球，用地球人容易理解的方式，傳達正確的性知識及性觀念，破解各種關於性的迷思。」

可見得，「性」絕對不只是為了傳宗接代而已，它包含了更多深層的意

義，與人類的心理及生理健康息息相關，也關乎一個人一生的幸福，但在我們的成長過程中，卻顯少有機會可以接受完整且正確的性教育及性觀念，導致很多人在成年後因為性知識的不足或性觀念偏差，造成許多社會問題，如果能夠在早期就讓人們得到完善的性教育，或許這個社會能變得更詳和也說不定。

要成就一件好事需要來自各方的協助，「醫師專家群──主持人家純──製作團隊」三方不僅合作密切，更是絕佳的戰友。每週的嚴選題材，除了製作團隊海量式廣泛搜索之外，家純也會時不時丟一些 idea 出來，也會提出她個人的想法供我們參考。而醫師專家與來賓們所提供的寶貴資訊，更是完成節目專業性的重要齒輪。三方缺一不可，因而形成《深夜保健室》堅不可摧的鐵三角。

深夜保健室探險號正式啟航

製作團隊和家純之前就合作過一段時間，如家純在序裡提到的，製作《深夜保健室》的初心源起於一則社會新聞，我們也對於現代年輕人性知識的貧乏感到不可思議，性觀念更是迂腐得令人咋舌，於是一則破解錯誤性迷思的短影片因此誕生。這則影片收到的迴響讓我們覺得這是一個可以嘗試的網路節目新方向，一開始的定位就是：「以輕鬆有趣的方式，傳達正確且專業的性知識與性觀念。」節目定調之後，「深夜保健室探險號太空船」就正式啟航了！

無可取代的主持人

和家純合作的默契讓我們知道,她並不是一位腳本給她就照唸的主持人,她的個性不喜歡被框架和限制,所以我們給她的腳本都不必寫得很詳細,只要有重點提示就夠了。節目上的效果幾乎都是她自己的臨場反應,甚至許多提問也都是她在和專家來賓的互動中臨時提出的,並不是我們事先設定的。這樣的主持風格不僅為節目製造許多驚喜的效果,也讓來賓們更放鬆、更自在,尤其有時節目是採取直播的方式進行,有些專家可能不習慣上直播節目而顯得有些緊張,但家純總能適時回應及引導,讓專家們能無後顧之憂的暢所欲言。

很多網友都很好奇家純一身性感裝扮哪裡買?其實所有服飾都是她自己準備的,她會根據主題來搭配,像是當天如果討論關於月經的事,她就會穿著一身紅來。前些日子,她甚至還很大方的把這些服飾拿出來義賣,因為這類衣服在外面真的不容易買到。

和她的合作是既密切又能保持舒適的空間和距離,對製作團隊而言,她不僅是主持人而已,更是不可或缺的夥伴,現在節目呈現出來的型態和包裝方式,她幾乎是全程參與,而不只是被動的配合製作單位,她的主持風格風趣又不失專業,臨場反應絕佳,讓我們整個團隊都非常放心,坦白說,真的沒有人比她更適合主持這個節目了。

專業的顧問團隊

每位參與節目錄製的專家來賓都是一顆鑽石，我們只是負責把他們擦亮，讓更多人認識他們。通常我們只會提出主題大綱，專業方面的內容大多是專家們提供的，這其中更可貴的是，專家們不吝給出許多寶貴的實務或臨床經驗，並輔以個案說明，這真的是性學領域的珍貴寶藏。平常專家們在醫療院所等相關領域，可能沒有太多時間可以跟患者說明，或是有些比較艱澀的知識，很難用簡單易懂的方式表達出來，透過我們團隊先消化吸收後，可以把資訊有系統的整理出來，並且用大眾更容易理解，也更親民的方式呈現在螢幕上。

專家們甚至會「吃好道相報」，介紹其他專家來上我們節目，一來是信任我們團隊不會隨意曲解他們想要傳達的觀念，而是讓他們完整表述想法。二來也是和我們有著相同的理念——傳遞正確性知識的使命感。所以在這裡，我們團隊也要特別對所有參與節目的專家來賓們致上誠摯的謝意，感謝他們成為鐵三角中的一分子，讓節目更具深度且有教育性。

網友們的回饋是最大的動力

比起流量和實質的收益，讓我們最有成就感的是，很多男生看了節目之後回去照著做，獲得另一半的極度好評與讚賞，因此加深或改善了兩人之間的關係，留言回饋謝謝我們做了這麼有意義的節目。或是因為情侶一起收看節目，一起吸收性知識、學習性技巧，而讓兩人關係更親密，

這些流言都讓我們覺得努力製作節目是有回報的。有時候節目的會員或網友也會提供我們一些建議，或是留言敲碗他們想要看的內容。這種良好的雙向互動關係也是製作團隊最大的收穫，更是持續製作更優質節目內容的最大動力來源。

二〇二〇年因為新冠肺炎的關係，有好幾次都差點開天窗，加上網路上同質性的節目越來越多，的確對我們造成不小的影響。但我們不希望陷入固定的框架中，也持續找尋新的突破點。不可諱言的，製作網路節目最大的目的就是衝流量，期待帶來後續的收益，雖然目前節目還處於虧損的狀態，但因為抱持著導正社會性觀念，以及推廣正確性知識的使命感，我們這艘「深夜保健室探險號太空船」會繼續在性學宇宙中航行，希望能獲得更多舊雨新知的支持，也期待能社會各界有更多合作。當然，未來能夠轉虧為盈對我們團隊來說，就是再好也不過的事了。

「愛是性的靈魂，
性是愛的實踐。」

樹德科大人類性學研究所
創辦人　林燕卿

Eurasian Publishing Group
圓神出版事業機構
用心閱讀．細味人生．閱讀無限寶藏

圓神出版社
Eurasian Press

www.booklife.com.tw

reader@mail.eurasian.com.tw

圓神文叢 295

深夜保健室

領 航 員／鄭家純、深夜保健室節目製作團隊與醫師專家群

攝　　影／Ricor

化　　妝／呂子非

髮　　型／Elsa Yeh

插　　畫／胡晴雯

發 行 人／簡志忠

出 版 者／圓神出版社有限公司

地　　址／臺北市南京東路四段 50 號 6 樓之 1

電　　話／（02）2579-6600．2579-8800．2570-3939

傳　　真／（02）2579-0338．2577-3220．2570-3636

總 編 輯／陳秋月

主　　編／賴真真

專案企畫／賴真真

責任編輯／吳靜怡

校　　對／吳靜怡．林振宏

美術編輯／蔡惠如

行銷企畫／陳禹伶

印務統籌／劉鳳剛．高榮祥

監　　印／高榮祥

排　　版／杜易蓉

經 銷 商／叩應股份有限公司

郵撥帳號／18707239

法律顧問／圓神出版事業機構法律顧問　蕭雄淋律師

印　　刷／國碩印前科技股份有限公司

2021 年 4 月　初版

2021 年 4 月　2 刷

定價 450 元　　　ISBN 978-986-133-752-4

性學無涯，傳遞正確性知識是擁有美好性生活的第一步。那些學校該教卻沒教的性教育，就讓《深夜保健室》陪你補修學分！

——《深夜保健室》

想擁有圓神、方智、先覺、究竟、如何、寂寞的閱讀魔力：

◙ 請至鄰近各大書店洽詢選購。

◙ 圓神書活網，24小時訂購服務

免費加入會員．享有優惠折扣：www.booklife.com.tw

◙ 郵政劃撥訂購：

服務專線：02-25798800　讀者服務部

郵撥帳號及戶名：18707239　叩應有限公司

國家圖書館出版品預行編目資料

深夜保健室 / 鄭家純，深夜保健室節目製作團隊與
醫師專家群 著. -- 初版. -- 臺北市：圓神，2021.04
176 面；17×23公分（圓神文叢；295）

ISBN 978-986-133-752-4（平裝）

1.性教育　2.性知識

544.72　　　　　　　　　　　　110000172